Código de Conduta Para Ser Bem-Sucedido Nos Negócios

Descubra o segredo por detrás das pessoas mais bem-sucedidas nos negócios, adquira suas virtudes, siga suas normas e conquiste o seu sucesso.

Mestre Gabriel Amorim

Dedicatória

Dedico este livro a todas as pessoas que, por confiarem em mim, nunca me abandonaram e caminham comigo lado a lado nessa grande jornada chamada vida.

Agradecimentos

Revisão

Doroty Santos

Autora do Romance "Reflexões de um Inseto"

E dos seguintes contos:

Doçura Diabólica

O Sobrenatural

O Prisioneiro

Índice

Prefácio	8
Da Carne Seca ao Caviar	10
Separando o Joio do trigo	15
Porque Código de Conduta	19
Seja um Bom Juiz de Caráter	21
Como julgar nosso próprio caráter	22
Como julgar o caráter de sócios	33
Como julgar o caráter de funcionários	36
Como julgar o caráter de clientes	45
Como julgar o caráter de outras empresas	48
Sobre ser um bom juiz de caráter	53
Seja Orientado ao Cliente	56
Atenda bem o seu cliente	57
Conheça bem o seu cliente	62
Conheça bem o seu produto	66
Desenvolva técnicas de venda	69
Desenvolva a pronta entrega	71
Entregue mais que o esperado	73
Implemente o pós-venda	77
Sobre ser orientado ao cliente	78
Seja focado no Seu Negócio	80
Tenha um propósito único	81
Torne-se obstinado	82
Sobre ser focado no negócio	83
Seja Conhecido no Mercado	85
Construa sua reputação	86
Desenvolva sua publicidade	88
Tenha sua assessoria de imprensa	90
Sobre ser conhecido no mercado	91
Seja Sempre Preparado	93
Agarre as oportunidades	94
Gere novas necessidades	97
Sobre estar sempre preparado	99
Seja um Promotor de Vendas	101
Campanha de vendas	102
Promoções de vendas	103
Sobre ser um promotor de vendas	104
Seja Cauteloso Com as Finanças	106
Controle suas receitas	107
Controle suas despesas	108
Cobre seus devedores	109

Aumente seus lucros	110
Sobre ser cauteloso com as finanças	112
Seja Seletivo no Recrutamento	114
Observe o caráter	115
Treine seu pessoal	117
Contrate especialistas	118
Sobre ser seletivo no recrutamento	119
Seja um Motivador de Pessoas	122
Como motivar um colérico	123
Como motivar um fleumático	125
Como motivar um sanguíneo	127
Como motivar um melancólico	129
Fatores gerais que motivam	131
Fatores gerais que desmotivam	137
Sobre ser um motivador de pessoas	151
Seja Ousado ao Lançar Produtos	153
Torne seu produto conhecido	154
Sobre ser ousado no lançamento	155
Seja Esperto na Aquisição de Produtos	157
O barato pode sair caro	158
Ansiedade para vender	160
Examine o que vai comprar	160
Examine o que foi entregue	162
Sobre ser esperto na aquisição de produtos	162
Seja Perito na Análise de Negócios	164
Tipo de negócio	165
Efeitos da oferta	166
Efeitos da demanda	167
Efeitos da dependência	168
Sobre ser perito em analisar negócios	169
Seja Um Empresário Modelo	171
Construa a cultura de sua empresa	172
Lidere através de exemplos	173
Sobre ser um empresário modelo	175
Seja Prudente com Investimentos	177
Planeje com paciência	178
Analise a situação do mercado	181
Analise a tendência do mercado	182
Sobre ser prudente com investimentos	183
Seja Um Bom Comunicador	185
Dançando conforme a música	188
Sobre ser um bom comunicador	190
Não Seja Mesquinho	193

Seja generoso	194
Seja filantropo	195
Sobre não ser mesquinho	196
Não Seja Procrastinador	198
Decida e haja rápido	199
Sobre não ser procrastinador	201
Não Seja Extravagante	204
A roda da abundância	205
Sobre não ser extravagante	207
Não Seja Desonesto	209
O discípulo	211
O sócio versátil	215
Sobre não ser desonesto	217
Não Demore a Cobrar	220
Cobre as dívidas dos clientes	221
Cobre a eficiência no trabalho	223
Cobre a qualidade do trabalho	224
Cobre os prazos das tarefas	225
Sobre não demorar a cobrar	226
Não Reajuste os Preços Arbitrariamente	228
Aumento de preços injustificado	230
Redução de preços injustificada	231
Sobre não reajustar os preços arbitrariamente	232
Não Ceda ao Instinto do Rebanho	235
Sobre não ceder ao instinto do rebanho	236
Não Lute Contra a Sazonalidade	238
Identifique a sazonalidade	239
Adapte-se a sazonalidade	240
Aproveite a sazonalidade	241
Sobre não lutar contra a sazonalidade	242
Não Seja Resistente a Mudanças	243
Resistir é morrer	245
Sobre não ser resistente a mudanças	246
Não Compre a Crédito em Excesso	248
Controle seus gastos	249
Quite seu cartão de crédito	250
Evite pedir empréstimos	251
Sobre não comprar a crédito em excesso	252
Não Gaste Suas Reservas	254
Mantenha suas reservas fortes	255
Sobre não gastar suas reservas	256
Não Ateste Produtos Cegamente	258
Sobre não atestar produtos cegamente	260

Mestre Gabriel Amorim

O Segredo Para Ter Sucesso Como Empresário 262
    Seja o capitão do seu próprio navio 264
    Seja comprometido e responsável 267
    Seja duplicável e crie sistemas duplicáveis 269
    Sobre o segredo dos grandes empresários 273
Bibliografia e Livros Recomendados 276
Copyright e ISBN-10 ISBN-13 277

Prefácio

Negócios, se bem conduzidos, podem ser a chave para o sucesso. O Código de Conduta apresentado aqui traz princípios básicos para empresários que querem ser bem-sucedidos. São regras simples, mas, ao mesmo tempo, importantíssimas que levarão qualquer empreendedor ao topo.

Todo empresário deseja que seu empreendimento tenha sucesso, ninguém monta um negócio apenas pelo basal, é normal que as pessoas criem expectativas sobre aquilo que se propuseram a fazer, entretanto, na maioria das vezes, essas pessoas não estão preparadas para enfrentar todas as etapas que um empreendimento envolve. Elas pulam fases essenciais; às vezes, seguem caminhos tortuosos e acabam não encontrando aquilo que tanto almejaram: o sucesso.

Para ser bem-sucedido nos negócios é preciso estar atento a várias situações e atitudes que podem levar o seu empreendimento tanto à vitória quanto ao fracasso. Por isso é que vale à pena ler esta obra fabulosa. Neste livro, Mestre Gabriel Amorim, conta um pouco de sua trajetória e exibe, de maneira clara e prática, os preceitos que um empresário deve seguir para ser bem-sucedido.

São regras que muitas vezes passam despercebidas. Sim, às vezes, o empreendedor não nota que está seguindo o caminho errado e que uma simples mudança de comportamento pode fazer toda a diferença. Este Código de Conduta apresenta o passo-a-passo para que o homem de negócios saiba o curso que ele deve adotar para que sua empresa se desenvolva plenamente.

O interessante desta obra é que ela tem uma sequência perfeita. A direção que um empresário precisa assumir para tornar o seu negócio próspero está colocada nesta publicação de modo excepcional. Cada capítulo serve como uma bússola e se você seguir as orientações expostas nestas páginas seguramente você será um empresário bem-sucedido.

Certos conceitos não podem ser ignorados quando estamos percorrendo o caminho para alcançar nossos sonhos. Um empresário de sucesso deve considerar os princípios básicos para ter não só uma empresa idônea e próspera, mas, também, para ter uma vida digna da qual ele deva se orgulhar.

Mestre Gabriel Amorim acertou em cheio quando decidiu escrever esta obra, sua utilidade é monstruosa no que diz respeito aos negócios e, mais ainda, o empreendedor que buscar o conhecimento oferecido aqui vai garantir uma vida honrada e proveitosa.

Doroty Santos

Da Carne Seca ao Caviar

Nasci no sertão da Bahia às dezenove horas do dia vinte e quatro de março de 1958, na cidade de Nova Itaipê, município de Maracás, num lugarzinho chamado Figueredinho.

Fui parido em uma casa de pau a pique onde, de acordo com o costume da época, uma parteira cortou o meu umbigo com uma faca peixeira e o jogou no curral das cabras; diziam que isso dava sorte.

Fui criado à base de pirão de farinha de mandioca com carne seca e, também, de Jacuba, que é uma mistura de rapadura raspada, farinha e água. Minha mãe fazia o pirão branco com farinha de mandioca, depois, para dar sabor, improvisava uma pelota com as mãos, desfiava a carne seca e empurrava os fiapos para dentro do bolinho, então, enfiava na minha boca. Eu não posso negar, era uma delícia.

Minha casa foi levantada com pau a pique. Pau a pique são varas que, para dar liga, têm os vãos preenchidos com barro. O chão era de terra batida, por isso, era muito comum encontrarmos cobras dentro de casa. O fogão era a lenha. Minha cama era feita de varas. Não tínhamos água encanada, nossa água provinha de uma lagoa que ficava cerca de quinhentos metros da nossa casa, morro a baixo. Costumávamos tomar banho e pescar lá. Não tínhamos energia elétrica, nossa luz vinha das lamparinas de querosene espalhadas pela casa. Também não tínhamos banheiro, fazíamos nossas necessidades na capoeira (mato fino que cresceu onde foi derrubada a mata virgem) atrás da casa. Tomávamos banho de bacia, na verdade, não era bem um banho, já que, normalmente, o costume era apenas lavar algumas partes do corpo, como o rosto, as axilas e os pés.

Atrás da minha casa tinha um pé de cajá. Lembro que quando as frutas estavam maduras, elas caíam e meu irmão e eu vivíamos catando cajá para comer.

Figueredinho era um vilarejo muito pequeno, não lembro exatamente quantas casas tinham, mas, certamente, dava para contá-las nos dedos das mãos e dos pés. Era como um círculo rodeado de casas feitas com paredes de adobe, onde o ponto principal era o armazém frequentado pelos caboclos que chegavam a cavalo para comprar feijão, farinha e tomar cachaça.

Com cinco anos de idade vim para São Paulo com meus pais em um pau de arara. A única coisa que me lembro dessa viagem é do fedor de cocô e de vômito, pois, de tanto que o transporte chacoalhava, as pessoas passavam mal e vomitavam.

Fui morar na cidade de Mogi das Cruzes em um sítio; era mais fácil para meu pai morar na zona rural, pois, trabalhar na roça era o que ele sabia fazer. Pouco me lembro desses dois anos. Lembro-me de uma surra de cinta que tomei de meu pai, por passar na frente dele enquanto ele conversava com meu tio, isso era uma falta de respeito e meu pai não demorou em me corrigir. Recordo-me, também, dos caquis deliciosos que eu comia no sítio dos japoneses vizinhos. Não me esqueço de ter ficado preso num fio elétrico na serraria do vizinho japonês, foi horrível. Uma boa lembrança que tenho é de quando procurávamos ovos de páscoa que a nossa patroa escondia. Era muito divertido.

Aos sete anos de idade mudei-me de Mogi das Cruzes para a cidade de Osasco. Toda a nossa mudança foi feita em uma Kombi, na qual coube eu, minha mãe, meu irmão e uma cabra. Meu pai foi logo depois de ônibus. A cabra foi essencial nas nossas vidas, pois, tomamos leite de cabra por um bom tempo, acho que é por isso sempre fui muito forte.

Nessa mesma época comecei a estudar e fui reprovado nos dois primeiros anos. O que mais me marcou nessa época foi o fato de que, na escola, todos os meus coleguinhas levavam lancheira e, na hora do recreio, eles tinham lanches para comer, menos eu. Lembro-me que, na saída, sempre tinha alguém vendendo coxinhas, pipoca e quebra-queixo e o cheiro dessas iguarias invadia o meu nariz, mas, eu nunca podia comprar.

Com doze comecei a trabalhar com meu pai na borracharia em que ele se tornara sócio com meu tio. Aos quinze anos, comecei a trabalhar de office boy em um grande banco. Aos dezessete anos tomei meu primeiro banho de chuveiro. Nessa mesma época fiquei desempregado por três longos anos, foram os mais cruéis e difíceis da minha vida; foi aí que comecei a estudar computação. Recordo-me que eu não tinha dinheiro para nada. Não pude ir à colação de grau do colégio porque não tinha nem um tostão. Por falta de recursos eu também não participava das festinhas do amigo secreto, nunca, porque não podia comprar os presentinhos.

Código de Conduta Para Ser Bem-Sucedido nos Negócios

Depois que acabei meu curso de programação de computadores, permaneci dois anos procurando emprego. Nessa época, enquanto todos os meus amigos saiam para se divertir, eu ficava em casa estudando, até que um dia, depois de ter prestado mais de cem testes em várias empresas, recebi um telegrama em casa o qual informava que eu havia passado no teste e eu devia comparecer na empresa para tratar de assuntos do meu interesse. Esse foi o dia mais feliz da minha vida. Finalmente, em doze de julho de 1978, retornei ao grande banco, agora como programador. Foi o dia da minha libertação, permaneci nessa área por mais de vinte e cinco anos.

Em 1980 me casei com Ana Harmi, com quem estou até hoje e com quem pretendo permanecer unido até quando morrer ou até quando ela me quiser. Nesse mesmo ano comecei a praticar Kung Fu e em 1996 fundei a TSKF - Academia de Kung Fu, que se tornou a maior academia de Kung Fu da América Latina. Fui graduado Mestre pela Confederação Mundial de Kuoshu, em 2009, durante o campeonato mundial na Alemanha.

Em 2004 escrevi meu primeiro livro intitulado "Kung Fu - um caminho para a saúde física e mental". De lá para cá, publiquei o livro "Decifrando o Mistério dos Sonhos", lançado pela Editora Madras, na Bienal Internacional do Livro em São Paulo. Publiquei, também, as obras: "Decifrando os Temperamentos Humanos", "Decifrando o Mistério da Motivação", e "Wu De a Ética Marcial do Kung Fu nos Dias Atuais", esse último em parceria com meu sócio Danillo Cocenzo.

Descobri que havia me tornado milionário quando comprei um imóvel e me perguntaram como eu pagaria por ele e respondi que pagaria com cheque. Foi quando eu fiz um cheque e escrevi: "Um milhão e cem mil reais". É difícil descrever o sentimento que toma conta de nós quando vemos o resultado de todo o nosso esforço. Esse dia eu nunca vou me esquecer.

Hoje moro num apartamento avaliado em mais de dois milhões e meio de reais e tenho vários imóveis em São Paulo, além de possuir dezoito escolas de Kung Fu em parceria com mais de vinte sócios.

Eu não me considero uma pessoa comum, minha vida sempre foi muita louca, mas, no bom sentido. Nunca me formei numa faculdade, mas, li mais de 600 livros; tornei-me empresário, Mestre de Kung Fu, acupunturista, escritor, palestrante, ocultista e um estudioso da entidade humana e minhas paixões são: minha esposa, o Kung Fu e os cachorros.

Minhas próximas metas são: tornar-me multimilionário, transformar minha escola na maior, melhor e mais bem-sucedida academia de Kung Fu de todos os tempos; escrever um *best seller* e viajar para um país diferente todos os anos até o fim da minha vida.

O meu sucesso é fruto do meu esforço, de como levo a vida e de como as coisas podem acontecer se seguirmos alguns princípios básicos. Não há nenhum segredo. Além disso, acredito que ensinar o que sabemos é uma obrigação cósmica e não o fazer fere o princípio da evolução. Também penso que tudo que um homem sabe pode ser ensinado a outro. Além disso, o segredo da prosperidade está em ajudar a maior quantidade de pessoas possível. Foi por isso que resolvi escrever este livro, para ensinar e ajudar também a você.

Mestre Gabriel Amorim

Separando o Joio do Trigo

As Estatísticas nos mostram que mais da metade das empresas fecham antes de completar cinco anos de vida, sendo que esse número tende a aumentar após esse período.

Sabemos que existem centenas de causas através das quais ocorre essa realidade, mas, seguramente, a maior delas, sem sombra de dúvidas, é a falta de educação empresarial orientada aos negócios.

Infelizmente, não somente no Brasil, mas, também, na maioria dos demais países, a educação formal ainda é direcionada para que o indivíduo se torne um profissional, ou seja, apenas um empregado de uma empresa ou um trabalhador liberal sem muitas aspirações; some a isso à falta de incentivo dos pais para que os filhos se tornem homens de negócios. Todos esses fatores geram uma reação em cadeia que culmina com o fracasso da maioria das pessoas que se aventuram no mundo dos negócios.

Código de Conduta Para Ser Bem-Sucedido nos Negócios

Por outro lado, acredito que, de uma maneira geral, todos nós, pelo menos uma vez na vida, desejamos ser dono do nosso próprio negócio. É muito comum, principalmente depois de trabalhar muitos anos para uma ou várias empresas, que as pessoas comecem a nutrir a vontade de ter seu próprio empreendimento. Tão comum quanto esse desejo, é ver pessoas saírem dos seus empregos, ou por serem despedidas depois de longos anos de trabalho ou porque decidiram espontaneamente montar seus próprios negócios e, depois de pouco tempo, elas serem obrigadas a fechar a empresa por falta de experiência, conhecimento ou até mesmo pela ausência de aptidão.

Isso normalmente acontece por uma razão muito simples, os homens de negócios vivem sob um conjunto de regras totalmente diferente, com normas opostas ao modo como as demais pessoas costumam levar a vida. Por exemplo, um indivíduo que trabalha como empregado sabe quanto vai ganhar no final do mês, já, os homens de negócios não. Nesse caso, o que ocorre é que a pessoa que trabalhava como empregado e agora se tornou empresário entende que pode ter despesas fixas até um determinado limite, como fazia anteriormente. Esse é o problema. Como homem de negócios que agora esse indivíduo é, ele não pode prever quanto ganhará no final do mês, e o fato é que ele não está acostumado a isso e acaba comprando o que não devia. Quando o dinheiro não entra no final do mês, esse recém-empresário se vê em apuros e acaba fazendo um empréstimo para pagar o que deve; isso só piora a situação, pois, essa pessoa perde o controle e é obrigada a fechar seu negócio por má administração financeira.

Mestre Gabriel Amorim

Código de Conduta Para Ser Bem-Sucedido nos Negócios

De uma maneira geral, a pessoa que é empregada, ou seja, que trabalha para uma empresa, normalmente tem seus finais de semana livres. Nos dias úteis, geralmente o empregado também possui horários para entrar e para sair do trabalho. Quando essas pessoas se tornam empresárias, por algum motivo elas acreditam que podem continuar debaixo dessas mesmas regras, ou pior, muitas vezes, elas acham que têm o direito de chegar no trabalho a hora que quiser, afinal de contas são donas do negócio e não precisam dar satisfação a ninguém sobre seus horários ou dias que querem trabalhar. O problema é que esses indivíduos não percebem que, ao se tornarem homens de negócios, eles passaram a ter não apenas um, mas, todos os seus clientes como chefes. Como o hábito do cachimbo é que deixa a boca torta, assim dizia meu pai, esses recém-empresários continuam a agir e a pensar como empregados e, consequentemente, seus clientes os "demitem", ou seja, não fazem mais negócios com a empresa que eles acabaram de montar.

A palavra de ordem de um homem de negócio é planejamento. Nós, empresários, podemos chegar mais tarde no nosso negócio, podemos ter finais de semana livres e até mesmo tirar um mês ou mais de férias, desde que façamos um planejamento para isso, não há problema algum. Entretanto, é mais comum, o homem de negócio começar a trabalhar mais cedo do que as demais pessoas; provavelmente ele vai sair mais tarde, vai trabalhar nos fins de semana e vai tirar apenas uma ou, no máximo, duas semanas de férias.

Como empresário o que eu posso dizer é que não existe nada mais gratificante do que ter a liberdade de poder crescer o quanto eu desejar e ganhar o quanto eu quiser, isso sem nunca ter um teto salarial, bastando, apenas, expandir os meus negócios toda vez que eu desejar um aumento de ganhos; posso ampliar meus negócios abrindo outra empresa, por exemplo, e assim sucessivamente. Se eu fosse empregado, jamais conseguiria fazer isso, pois, eu teria um teto salarial e, portanto, para ganhar mais, precisaria trabalhar em várias empresas. De qualquer forma, mesmo se eu arrumasse emprego em vários lugares, ainda haveria uma limitação, afinal, o dia tem apenas vinte e quatro horas.

Neste capítulo, podemos ver que existem diferenças entre o modo de pensar e agir de uma pessoa que trabalha para uma empresa e de um empresário. Para sermos prósperos nos negócios não podemos continuar com a cabeça de uma pessoa que trabalha para ganhar um salário no final do mês, assim não chegaremos a lugar algum. As lições do código de conduta para ser bem-sucedido nos negócios vão ajudá-lo a desenvolver os padrões necessários para o sucesso.

Porque Código de Conduta

Código de conduta é um conjunto de regras para orientar um determinado grupo de pessoas de acordo com princípios que podem ser gerais ou específicos. Neste caso, em particular, o Código de Conduta que será exposto aqui é um conjunto de normas e virtudes que garantem o sucesso no mundo dos negócios.

Como vimos anteriormente, mais da metade das empresas fecham antes de completar cinco anos, entretanto, sabemos que existe um grupo de companhias que contraria essa regra, que são as franquias. As franquias são normalmente bem-sucedidas porque possuem um rígido código de conduta que as garante no mercado. Se o franqueado seguir à risca as regras do código de conduta de sua franquia, ele terá quase 100% de chance de obter sucesso. É por isso que raramente você verá lanchonetes como o McDonald's ou o Burger King encerrarem suas atividades.

Códigos de conduta vêm sendo usados há milhares de anos, em vários segmentos. Podemos pegar como exemplo a Bíblia

Código de Conduta Para Ser Bem-Sucedido nos Negócios

Sagrada para os cristãos, o código maçônico, o código Rosacruz, o código do exército e assim por diante. Esses códigos de conduta comprovam que o uso de regras específicas garante o sucesso em qualquer área, até mesmo nos relacionamentos entre as pessoas.

Existem códigos de conduta exclusivos para cada tipo de empresa que, naturalmente, asseguram as conquistas da companhia ou do negócio, como podemos ver no modelo de sucesso citado acima, das lanchonetes McDonald's e Burger King. Ter um código de conduta para uma área específica é ótimo, mas, ter um código de conduta para ser um homem de negócios é melhor ainda, porque isso garantiria o sucesso da pessoa em qualquer negócio que desejasse ter.

Um bom código de conduta deveria ser capaz de garantir o sucesso por toda a vida de uma pessoa e, também, do seu negócio por muitas gerações. Por essa razão, o código de conduta que apresentarei tem sua base na ética do caráter, ou seja, na integridade da pessoa e não em sua aparência.

Nos negócios, a ética da personalidade ou da aparência pode nos levar ao sucesso, mas, somente a ética do caráter nos fará bem-sucedidos. O sucesso pode ser passageiro, mas, ser bem-sucedido é para sempre.

Trata-se de uma série de condutas padrão que devemos seguir e outras que devemos evitar. Veremos, também, o conjunto de virtudes que precisamos ter e de defeitos ou manias dos quais devemos nos desviar. É por isso que o código de conduta apresentado aqui pode ser seguido por qualquer pessoa, já que tanto os padrões quanto as virtudes podem ser seguidos ou desenvolvidos e utilizados em qualquer tipo de negócio.

Seja um Bom Juiz de Caráter

Caráter é o conjunto de virtudes e defeitos que definem a índole de uma pessoa. Portanto, essas qualidades e defeitos determinarão sua moral e, consequentemente, suas atitudes.

Vivemos em um mundo de pessoas, é por esse motivo que, se quisermos ser bem-sucedidos nos negócios, temos que aprender a reconhecer cada tipo de pessoa, conhecendo suas tendências naturais, suas qualidades e seus defeitos. Tendo condições de distinguir o tipo de pessoa com a qual lidamos certamente nos tornaremos um bom juiz de caráter, logo, seremos capazes de separar os indivíduos em quem podemos confiar e de quem devemos nos afastar.

Uma pessoa conhecida como mau-caráter é, naturalmente, qualificada como desonesta e, ninguém, em sã consciência, procuraria essa pessoa para fazer negócios; a não ser, claro, que quem procura alguém assim para se aliar também seja desonesto, nesse caso, provavelmente será uma união desastrosa e as duas pessoas levarão os negócios à ruína, afinal, a desonestidade não leva ninguém a lugar nenhum. Essa é a razão principal pela qual ser um bom juiz de caráter ocupa o topo da lista do nosso código de conduta, pois, o caráter de uma pessoa vale mais do que todas as posses que ela possa ter.

Quando montamos um negócio temos que lidar com pelo menos cinco tipos de pessoas: nós mesmos, os sócios, os funcionários, os clientes e outras empresas. Para o nosso código de conduta, vou considerar que a Pessoa Jurídica também tenha caráter, afinal, todos nós já ouvimos falar em empresas ou fornecedores desonestos.

Existem virtudes que são imprescindíveis a cada tipo de pessoa. Como homens de negócios, para que sejamos bem-sucedidos, devemos ser capazes de identificar e julgar a presença ou não dessas virtudes, caso contrário, nosso fracasso será inevitável.

A fim de que sejamos capazes de identificar e julgar virtudes nesses tipos de pessoas, detalharei algumas características que cada uma delas devia possuir.

Como julgar nosso próprio caráter

Julgar nosso próprio caráter é uma das coisas mais difíceis de fazer. É muito complicado para qualquer pessoa encontrar falhas em seu próprio caráter. Aos nossos próprios olhos somos sempre honestos, confiáveis e leais, mas, será que somos mesmo?

Código de Conduta Para Ser Bem-Sucedido nos Negócios

Se quisermos nos tornar verdadeiramente bem-sucedidos nos negócios, como já sabemos, é preciso nos valer de certas virtudes, portanto, será necessário fazermos uma análise crítica de nós mesmos e observar se realmente temos determinados atributos, como os apresentados abaixo:

Motivação: Você é motivado? A motivação é a coisa mais importante que norteia os nossos sucessos e as nossas realizações, afinal, ela é a mãe de tudo aquilo que realizamos e é, também, a condição que comanda toda a nossa evolução. Uma pessoa sem motivação não vale nada, por isso, o limite de nossas possibilidades é o limite da nossa motivação.

A motivação não pode ser comprada, vendida, emprestada, herdada ou imposta, mas, sim, conquistada. Para nos apoderarmos dela, basta que saibamos identificar e reconhecer nossas tendências naturais, transformando nossos defeitos em qualidades e potencializando os valores que já temos.

Uma pessoa sem motivação está fadada ao fracasso em qualquer área de sua vida, portanto, se você se julga, desmotivado, jamais decida ter seu próprio negócio, pois, montar uma empresa não é uma tarefa fácil e sem motivação isso se torna uma missão impossível.

Autocontrole e Disciplina: Você tem autocontrole e disciplina? Saiba que o autocontrole e a disciplina podem levar qualquer pessoa a qualquer lugar.

É quase impossível encontrarmos homens de negócios bem-sucedidos sem essas duas virtudes. Sem essas duas qualidades nenhuma pessoa seria capaz ser empresário. Homens de negócios realizam suas tarefas por conta própria, sem que ninguém as obriguem a fazê-lo, consequentemente sem essas duas características ninguém seria capaz de empreender e se tornar bem-sucedido.

Já escutei muitas pessoas dizerem que tem autocontrole e disciplina. Porém, essas mesmas pessoas já começaram tantas dietas que já até perderam a conta. Algumas já pararam de fumar uma centena de vezes. Pessoas assim jamais deveriam se aventurar no mundo dos negócios. O mundo dos negócios não é como uma dieta que se você não cumprir não acontecerá nada, muito pelo contrário, se você não tiver autocontrole e disciplina sua empresa fechará as portas.

Autoconfiança: Você é autoconfiante? Quem é autoconfiante, fala e anda com firmeza, sempre com os ombros erguidos, olhando para frente como se estivesse continuamente indo para um evento importante. A pessoa que tem autoconfiança possui um brilho no olhar e um magnetismo pessoal que atrai os demais. Se você não tem confiança em si mesmo, como espera que os demais confiem em você? A autoconfiança é fundamental para quem deseja ter seu próprio negócio. A pessoa autoconfiante enfrenta desafios, ergue a cabeça nas situações difíceis segue em frente, portanto, se você não se sente autoconfiante não monte um negócio.

Responsabilidade: Você é responsável? A falta de responsabilidade é típica de pessoas medíocres. Toda pessoa que tem o pensamento mediano abandona suas responsabilidades em troca de algum tipo de diversão; normalmente, ela prefere passear, ir a uma festa ou sair com alguém, ao invés de cumprir suas obrigações em primeiro lugar. Se você é desse tipo de pessoa evite se tornar um empresário, pois, é bem provável que você irá à falência. Administrar um negócio exige muito esforço e dedicação, se a pessoa tem esse péssimo hábito, de ser irresponsável, é melhor que ela nem tente se aventurar no mundo dos negócios.

Entusiasmo: Você é entusiasmado? Entusiasmo significa ter Deus dentro de si. Quando estamos entusiasmados, todas as nossas expressões verbais e corporais agem congruentemente, causando um poder incrível e nos tornando capazes de convencer qualquer indivíduo a nos seguir ou a nos ajudar. Uma pessoa sem entusiasmo jamais conseguiria vender alguma coisa ou conquistar clientes para seu negócio. Assim, se você não é entusiasmado, será melhor não procurar ser dono do seu próprio negócio. O entusiasmo mantém nossa esperança viva, sem ele, nossa vontade acaba e, sem ela deixamos de prosseguir.

Determinação: Você é determinado? Determinação é uma força de vontade suprema baseada na convicção absoluta de alcançar o que se deseja por se ter um objetivo definido. Portanto, para ser determinado é necessário possuir um objetivo claro. A própria motivação é consequência desse objetivo que temos bem definido em nossa mente, ele é a fonte inesgotável de energia para se seguir adiante. Uma pessoa sem objetivo é uma pessoa sem motivação e, consequentemente, sem determinação, portanto, se você não tem um objetivo não terá energia suficiente para superar todas as adversidades que encontrará pelo caminho e acabará levando o seu negócio ao fracasso.

Comprometimento: Você é capaz de se comprometer? A maioria das pessoas confunde comprometimento com envolvimento. Para que você entenda bem a diferença entre comprometimento e envolvimento, vou lhe dar um exemplo: quando você vai a um restaurante e pede ovos com bacon, saiba que a galinha está envolvida nesse processo, quando botou os ovos; porém, o porco deu sua vida e se tornou o bacon, ou seja, o leitão teve uma implicação maior no processo. Esse é o tipo de comprometimento que você precisa ter se quiser ser bem-sucedido nos negócios; é impossível ter sucesso se levarmos o trabalho levianamente.

Persistência: Você é persistente? "Água mole em pedra dura tanto bate até que fura". Acredito que nenhuma frase explica melhor o significado de persistência do que esse ditado popular.

Algumas pessoas desistem de seus negócios quando já estão muito próximas do sucesso. Existe uma história que representa muito bem isso que estou falando: um garimpeiro comprou uma mina de ouro e trabalhou por muitos anos lá sem nada encontrar. Certo dia, frustrado, e já cansado de tanto trabalhar, sentou aborrecido em frente ao garimpo, quando, de repente, passou um forasteiro e lhe perguntou o que ele estava fazendo ali. Ele respondeu que era dono daquele garimpo e estava descansando. O forasteiro, então, perguntou se ele gostaria de vender o garimpo. Como ele já havia trabalhado muitos anos ali e não tinha encontrado nada, aceitou imediatamente a oferta. Um dia depois, encontrou o forasteiro na cidade comemorando e perguntou o que tinha acontecido para ele estar tão feliz. O forasteiro, então, respondeu: "Depois que você foi embora eu entrei na mina e dei uma única picaretada e encontrei o maior veio de ouro da região." Moral da história, muitas vezes, basta somente mais uma tentativa para se alcançar o sucesso. Se você não é uma pessoa persistente não se arrisque no mundo dos negócios, pois, sem perseverança você apenas perderá o seu tempo.

Diligência: Você é diligente? Segundo o livro "Salomão o homem mais rico que já existiu", um dos meus livros prediletos, de autoria de Steven K. Scott, "diligência é a habilidade adquirida que combina persistência criativa, esforço inteligente, planejado e executado de forma honesta e sem atrasos com competência e eficácia, de modo a alcançar um resultado puro e dentro do mais alto nível de excelência".

Diz um provérbio oriental: "Quem não persevera nas pequenas tarefas, falhará nos grandes planos", assim, não basta apenas abrir um negócio, é necessário executar o trabalho como um maestro dirigindo sua orquestra; cada ação tem que ser feita do jeito certo, no tempo certo e com perfeição, para que o resultado final seja uma obra de arte. Se você deseja abrir uma empresa apenas para ganhar dinheiro, sem se preocupar com os detalhes, você não chegará a lugar nenhum.

Verdade: Você é verdadeiro? Certa vez, Abraham Lincoln declarou: "Você pode enganar algumas pessoas o tempo todo e todas as pessoas por algum tempo, mas você não pode enganar todas as pessoas o tempo todo".

Nada nesse mundo pode ser construído para durar muito tempo se não for sob a verdade e a justiça, portanto, jamais monte um negócio fundamentado em uma história fajuta. Você poderá até fazer sucesso por algum tempo, mas, cedo ou tarde, seus clientes descobrirão a farsa e você estará em apuros, podendo ser obrigado fechar seu negócio.

Código de Conduta Para Ser Bem-Sucedido nos Negócios

Integridade: Você é íntegro? A palavra integridade vem do latim *integritate* e significa: a qualidade de alguém, ou algo, ser íntegro, de conduta reta, pessoa de honra, ética, educada, imparcial, brioso, pundonoroso, cuja natureza de ação nos dá uma imagem de inocência, pureza ou castidade; o que é íntegro, é justo e perfeito, é puro de alma e de espírito.

Uma pessoa íntegra é incorruptível, não se vende por qualquer coisa, infringindo as leis, prejudicando alguém para benefício próprio. Um indivíduo íntegro tem valor, mas não tem preço. Alguém que não tenha integridade jamais deveria estar à frente de qualquer negócio.

Honestidade: Você é honesto? A honestidade vai muito além do que as pessoas possam imaginar. É uma qualidade que impede alguém de mentir, fraudar ou enganar seus semelhantes. É um princípio que força o ser humano a agir com sinceridade com as pessoas ao seu redor e consigo próprio. A honestidade de uma pessoa é evidenciada através de suas atitudes para com o próximo.

Quando nos tornamos homens de negócios, precisamos estabelecer relacionamentos sólidos, tanto com pessoas quanto com empresas, jamais conseguiremos esse feito se não formos honestos, portanto, a honestidade é uma das virtudes mais importantes para quem deseja ser um empresário.

Confiança: Você é confiável? Confiança é um conceito que adquirimos baseado na quantidade de informações que temos de alguém, portanto, quanto mais detalhes nós tivermos sobre a pessoa em quem buscamos confiar, maior será o conceito positivo que teremos dela. Isso significa que a soma das opiniões dos outros sobre as experiências que tiveram conosco mostrará nosso grau de confiabilidade. Na verdade, a análise que você deve fazer aqui é muito simples: sabendo quem você é, conhecendo todos os seus segredos, se você fosse outra pessoa, você confiaria em você mesmo? Se sim, ótimo, você é uma pessoa confiável, caso contrário, é aconselhável que você não se torne um homem de negócios, porque, certamente, o resultado será desastroso.

Lealdade: Você é leal? A lealdade é um acordo assumido conscientemente entre duas pessoas que implica em cumprir um compromisso, mesmo que as situações se tornem adversas. Trata-se de uma obrigação que se tem com o próximo, assim, essa é uma das virtudes mais importantes no mundo dos negócios, já que um empresário tem obrigações com diversos tipos de pessoas. O contrário de lealdade é a traição, que é a violação de um compromisso expresso.

Como empresa devemos cumprir nossos compromissos para com o cliente, caso contrário, deixaremos de ser confiáveis e, consequentemente, nossa reputação ficará abalada e isso, certamente, prejudicará nosso sucesso nos negócios.

Justiça: Você é justo? Segundo a enciclopédia livre, Wikipédia, "a justiça é um conceito abstrato que se refere a um estado ideal de interação social em que há um equilíbrio, que por si só, deve ser razoável e imparcial entre os interesses, riquezas e oportunidades entre as pessoas envolvidas em determinado grupo social" De acordo com essa explicação, podemos dizer que suas aplicações práticas variam conforme o conceito social onde o envolvimento se dá. Nos negócios eu costumo dizer que decidir a favor do que seja melhor para todos os envolvidos é sempre melhor do que deliberar a favor do que é melhor para nós mesmos. Assim sendo, aquele que não é capaz de optar pelo melhor para todos, não tem responsabilidade social, portanto, não deveria entrar para o mundo dos negócios.

Humildade: Você é humilde? O conceito de humildade apresentado aqui nada tem a ver com o que comumente as pessoas pensam, mas sim com o fato de ter consciência das nossas limitações. Ser humilde significa que não conhecemos tudo sobre todas as coisas, portanto, precisamos do conselho de especialistas nas áreas as quais desconhecemos, caso contrário, fatalmente, cometeremos muitos erros e colocaremos nosso negócio em risco, podendo até levá-lo à falência.

Respeito: Você é respeitoso? O conceito de respeito aqui tem relação com o sentimento que temos para com uma pessoa, lembrando que, nos negócios, lidamos com pelo menos cinco tipos de pessoas: nós mesmos, os sócios, os funcionários, outras empresas. Assim sendo, desrespeitar as pessoas significa falhar miseravelmente no nosso propósito e, consequentemente, em qualquer tipo de negócio.

Palavra: Você tem palavra? Existe um provérbio que diz: "Um homem sem palavra não vale nada". Prometer alguma coisa e não cumprir é uma das piores coisas que alguém pode fazer. A primeira situação que ocorre quando isso acontece é que, automaticamente, passamos a não mais confiar na pessoa. Além disso, o não cumprimento da palavra gera frustração e desmotivação. Um bom exemplo é quando alguém não cumpre os prazos e compromissos, esse tipo de comportamento é péssimo e é difícil lidar com pessoas que agem assim. Portanto, se você costuma prometer algo e não cumprir, desista de montar um negócio, pois, sua falência será líquida e certa.

Organização: Você é organizado? Não é à toa que uma empresa também é chamada de organização. Um homem de negócios jamais conseguirá se tornar bem-sucedido se não for organizado. Todo empresário deve ser capaz de estruturar sua empresa de acordo com procedimentos lógicos sequenciais fáceis de serem seguidos, de maneira que o trabalho possa ser executado de modo mais eficiente para um resultado eficaz.

Uma pessoa desorganizada constantemente se perde em meio a sua desorganização, o que faz com que ela acabe demorando mais tempo para cumprir suas obrigações e, consequentemente, para atender seus clientes. Se você se julga uma pessoa desorganizada, não busque se tornar dono do seu próprio negócio, pois a desorganização é inimiga do sucesso.

Prudência: Você é prudente? A prudência é uma das virtudes mais importante para os homens de negócios. É a capacidade de analisar todas as variáveis existentes e suas possíveis consequências antes de tomar uma decisão; portanto, toda e qualquer resolução a ser tomada nos negócios deve ser norteada pela prudência. A prudência não elimina a possibilidade de cometermos erros, mas, certamente, pode evitar a maioria deles.

Nos negócios, conhecemos a relevância de tomarmos decisões rápidas, porém, muitas vezes, uma deliberação errada pode levar uma empresa à falência. Por isso, no caso de decisões estratégicas, necessitamos dessa qualidade essencial que é a prudência. Afinal, é ela que nos permitirá enxergar, com antecedência, os problemas que poderão advir de nossas decisões.

Código de Conduta Para Ser Bem-Sucedido nos Negócios

A prudência não deve ser usada como desculpa para não agirmos. Homens de negócios são homens de ação, assim, a prudência deve servir como apoio para nossas tomadas de decisão e não para nos paralisar como suporte à nossa covardia. Por essa razão, homens imprudentes não devem se tornar empreendedores.

Generosidade e caridade: o conceito de generosidade e caridade apresentado aqui também é um pouco diferente do que a maioria pensa. Generosidade, nesse contexto, significa acrescentar ou fazer alguma coisa por alguém mesmo que ela não necessite. Esse alguém pode ser a sociedade, a cidade, uma entidade, uma empresa ou uma pessoa. Já, a caridade significa contribuir com alguém que necessita de algo, que pode ser também a sociedade, a cidade, uma entidade, uma empresa ou uma pessoa. Por exemplo, quando você dá um presente para um amigo sem motivo algum, você está sendo generoso, porém, quando você dá uma esmola para um mendigo, você está sendo caridoso.

Propositalmente, deixei a generosidade e a caridade para o final porque, muitas vezes, homens de negócios atingem um enorme sucesso e, por fim, acabam perdendo tudo, por uma ação do universo, pois, não foram capazes de retribuir o sucesso que conquistaram. Como eu sempre digo tartaruga não sobe em poste, sozinha.

Muita gente se diz honesta, mas, rouba caneta do escritório, denigre a imagem da empresa onde trabalha, fala mal dos amigos pelas costas. Quando recebe troco a mais fica quieto; fura a fila no banco, estaciona em locais para idosos, pula por cima da catraca do metrô, falsifica carteirinhas de estudante para pagar meia entrada nos cinemas; quando chega atrasado ou não aparece para um encontro, inventa uma desculpa e assim por diante. Será que você nunca fez essas coisas? Pense bem, seja sincero com você mesmo.

Fazer um bom julgamento do nosso próprio caráter de maneira crítica e sincera é o primeiro passo antes de sermos capazes de analisar as demais pessoas, ou seja, a habilidade para nos tornarmos um bom juiz de caráter começa quando conquistamos a habilidade de julgarmos a nós mesmos.

Como julgar o caráter de sócios

Considero empresário ou homem de negócios as pessoas cuja empresa não precisa de sua presença para continuar funcionando, sendo assim, todos os indivíduos que possuem mais de um negócio, automaticamente se enquadram nessa categoria.

Escolher um sócio é uma das tarefas mais complexas que existe. É como escolher um parceiro ou parceira para se casar. É necessário saber julgar muito bem o caráter da pessoa com quem construiremos uma sociedade. Isso tem que ser muito bem pensado, pois, se escolhermos um mau-caráter ele poderá, em pouco tempo, arruinar tudo o que erguemos em anos de muito trabalho, isso inclui até mesmo a nossa reputação.

O ideal seria conseguirmos enxergar com antecedência se a pessoa a qual estamos estudando para ser nossa sócia, se ela possui todas as virtudes que mencionei anteriormente, mas, sabemos que isso é praticamente impossível; entretanto, se julgarmos as virtudes mais importantes teremos um indício do que estamos procurando e, também, se estamos na direção certa ou não. Quando alguém tem um desvio sério em alguma virtude importante é quase certo que também tenha nas demais qualidades.

Para sermos um bom julgador de caráter é necessário prestarmos atenção nos detalhes. As pessoas dão sinais, tanto da presença quanto da ausência de caráter. Por exemplo, vamos supor que você convide seu candidato a sócio e alguns amigos dele para um jantar. Ele não sabe que é candidato a sócio, essa é a premissa que você deve considerar, afinal, as pessoas revelam suas verdadeiras virtudes ou a ausência delas quando estão mais relaxadas e acabam abaixando a guarda. Essa é a razão pela qual você deve procurar em eventos dessa natureza as virtudes nas pessoas; em ocasiões assim, elas se sentem mais à vontade e se expõem mais, revelando detalhes de como são. Voltando ao jantar, no dia e horário marcados, seu candidato a sócio chega atrasado e inventa uma desculpa esfarrapada. Muito bem, qual é a mensagem que esse indivíduo está transmitindo? A primeira, é que o tempo dele é mais importante do que o seu, provavelmente ele fará o mesmo com um cliente. A segunda é que ele é desonesto, afinal, pessoas honestas cumprem sua palavra. Ele também não é de confiança, pois, pessoas de confiança cumprem seus compromissos; por fim, ele não o respeita, consequentemente poderá fazer o mesmo com os clientes e funcionários da companhia.

Para que a pessoa ocupe uma posição tão importante como a de sócio da empresa, talvez você precise descobrir outras virtudes no candidato, como, por exemplo, o comprometimento. Nesse caso, para verificar se a pessoa é comprometida ou não, você pode de novo marcar um evento, como uma reunião, por exemplo, mas, é importante que esse encontro ocorra em uma emenda de feriado. Pergunte ao seu candidato a sócio se ele pode participar e observe bem a sua resposta. Se ele der uma desculpa do tipo "preciso perguntar para minha mulher, porque, normalmente, nos feriados prolongados nós costumamos ir à praia", está claro que ele não tem comprometimento com a empresa. Há outra questão que deve ser observada nesse caso, por exemplo, pode ser que o candidato a sócio seja o que chamamos de pau mandado, isto é, quem decide o que deve ser feito é a esposa dele ou ele é do tipo que não troca a diversão pelo trabalho. Portanto, é evidente que essa pessoa jamais será comprometida com a empresa, como no caso do leitão e da galinha que contei anteriormente.

Existe um tipo de pessoa que devemos tomar um cuidado especial, que são aquelas que transbordam a aparência de politicamente corretas. São pessoas com atitudes ensaiadas, que têm fala mansa, que fazem de tudo para parecer muito educadas ou boazinhas. Normalmente, esse tipo de pessoa sofre do que chamamos de dissonância cognitiva, ou seja, ela, na verdade, é o oposto do que aparenta ser e age dessa maneira para encobrir seu verdadeiro caráter. Esses indivíduos, comumente, são os mais desleais que existem; basta você virar as costas que eles irão lhe trair, num piscar de olhos, sem dó nem piedade. Nunca encontrei, na minha vida, uma pessoa com esse tipo de comportamento que fosse correta, todas, sem exceção, foram desleais. Dê preferência às pessoas autênticas, aquelas que falam o que pensam na sua cara, mesmo sabendo que você não vai gostar. Essas, normalmente, são as mais honestas e confiáveis.

Lembre-se, se você quiser crescer no mundo dos negócios e se tornar verdadeiramente bem-sucedido, você terá que ter muitos negócios, em muitos lugares. Assim sendo, você precisará estar em muitos ambientes, ao mesmo tempo, administrando suas empresas, e a única maneira de conseguir isso é se multiplicando, ou seja, tendo uma versão sua em cada um dos pontos de seu negócio. É por isso que você precisa de sócios, caso contrário, será quase impossível crescer. Seus sócios são como se fosse você em vários lugares diferentes, por essa razão, você deve aprender a julgar muito bem as virtudes de uma pessoa antes de aceitá-la como sócia. Elas terão que ter a maioria das virtudes que você tem; somente assim seus negócios vão se multiplicar e atravessarão gerações. Porém, antes, você terá que se tornar um perito em julgar o seu caráter e o dos indivíduos que se tornarão seus futuros sócios, só assim seu negócio seguirá harmoniosamente e prosperará.

Como julgar o caráter de funcionários

O sucesso de uma companhia é consequência da qualidade dos seus funcionários, portanto, o ativo mais valioso de uma empresa são as pessoas que trabalham no negócio, consequentemente, como donos de negócios, temos que ser capazes de julgar o caráter das pessoas antes de contratá-las, assim como quando escolhemos um sócio. Para tanto, é necessário que nos tornemos conhecedores do ser humano a fim de que possamos inserir a pessoa certa no lugar certo. Podemos até contratar uma pessoa com as melhores virtudes, porém, se a colocarmos na função errada ela não produzirá o resultado esperado, ou, até mesmo poderá prejudicar os demais funcionários.

Conhecer o ser humano não é uma tarefa fácil e não existe maneira melhor, nem mais eficaz, de conseguirmos isso senão através do estudo dos tipos de temperamentos humanos.

Os tipos e temperamentos humanos é um conhecimento milenar. Através dele podemos identificar e reconhecer cada tipo de pessoa, descobrindo suas qualidades e tendências. Com isso, nos tornamos capazes de contratar as pessoas certas, para os lugares certos, potencializando seus valores pessoais e, em consequência, seus resultados.

Como homens de negócios precisamos saber como tratar cada tipo de pessoa e o aprofundamento desse assunto é a melhor ferramenta para isso. Conhecendo os tipos e temperamentos humanos você será capaz de julgar com facilidade qualquer indivíduo.

O objetivo aqui não é nos aprofundarmos no estudo dos tipos e temperamentos humanos, porém, a fim de que nos tornemos bem-sucedidos no mundo dos negócios temos que, forçosamente, conhecer bem as pessoas. Essa é a razão pela qual a primeira regra de conduta deste livro é a respeito de se tornar um bom juiz de caráter. Por essa razão, citarei abaixo, um breve esclarecimento sobre os temperamentos humanos, quais são, qual a melhor maneira de reconhecê-los e, também, apontarei as principais virtudes e defeitos de cada um deles.

Somos todos diferentes. Nós somos, na realidade, um conjunto de pensamentos, sentimentos, emoções, instintos e ações, mas, podemos ser agrupados por semelhança em quatro tipos básicos e mais oito derivações, somando doze tipos de temperamentos que são os seguintes: o colérico-puro, o colérico-sanguíneo e o colérico-melancólico. O oposto desses que são: o fleumático-puro, o fleumático-sanguíneo e o fleumático-melancólico. Paralelamente ao colérico, temos o sanguíneo-puro, o sanguíneo-colérico e o sanguíneo-fleumático e, paralelamente ao fleumático, temos o melancólico-puro, o melancólico-colérico e o melancólico-fleumático, formando, assim, a cruz dos temperamentos, como demonstrado abaixo:

Colérico	Sanguíneo
Melancólico	Fleumático

Os quatro temperamentos humanos têm relação com os quatro elementos da natureza (Fogo, Água, Ar e Terra), com as quatro estações do ano (Verão, Inverno, Primavera e Outono), com os quatro tipos de emoções primárias (Raiva, Medo, Alegria e Tristeza), com as quatro cores primárias (Vermelho, Verde, Amarelo e Azul), com as quatro operações da matemática (Divisão, Soma, Multiplicação e Subtração), com a neurolinguística (Verbo,

Substantivo, Adjetivo e Interjeição); com as quatro maneiras de se relacionar com o tempo (Presente, presente passivo, futuro e passado), e com os quatro reinos da natureza (Animal, Vegetal, Hominal e Mineral).

Para facilitar o entendimento dos doze tipos de temperamentos, darei uma explicação detalhada sobre cada um deles e sobre suas principais virtudes e defeitos:

Colérico-puro: está sempre bravo, a qualquer momento do dia ou da noite. Se você encontrar com esse tipo de pessoa, ela estará sempre nervosa, xingando, discutindo, brigando e vermelha de raiva. Esse tipo de pessoa é genuinamente colérico; a expressão do seu rosto, praticamente, não mostra outra coisa a não ser a ira ou a raiva. Ela tem muito pouco de sanguíneo, muito pouco de melancólico e nada de fleumático, que é o seu temperamento oculto.

Colérico-sanguíneo: a predominância nesse tipo de pessoa ainda é a cólera, entretanto, de vez em quando, ela dá muita risada, conta uma piada, faz uma gozação, brinca e gosta de tirar sarro da cara dos outros, mas, quando brincam e tiram sarro da sua cara, o colérico-sanguíneo fica bravo, xingam e discute, depois volta atrás e vai tentar fazer as pazes, isso porque ele tem muito de sanguíneo, mas, muito pouco de melancólico e nada de fleumático, que é o seu temperamento oculto.

Colérico-melancólico: a ascendência nesse tipo de temperamento também é a cólera, porém esse indivíduo também tem muito de melancólico, pouco de sanguíneo e nada de fleumático, que é o seu temperamento oculto. Esse é aquele tipo de pessoa que briga com todo mundo, fica bravo, discute, xinga e depois fica magoado, chateado, triste e introspectivo, pensando nas besteiras e nas consequências do que fez.

Nesses três elementos do fogo: colérico-puro, colérico-sanguíneo e colérico-melancólico a predominância sempre será a cólera.

Tendências positivas dos coléricos: força de vontade, coragem, determinação, firmeza, planejamento, liderança, iniciativa; poder de decisão; disposição e responsabilidade. O colérico deve trabalhar para alavancar, fortalecer e intensificar ainda mais essas qualidades.

Tendências negativas dos coléricos: querer ser o tal; orgulho, impulsividade, agressividade, teimosia; querer agir sozinho; falta de gentileza; tendência a criar conflitos; não saber ouvir e inibir as demais pessoas. O indivíduo de temperamento colérico deve trabalhar essas tendências negativas para transformá-las em positivas.

Fleumático-puro: esse indivíduo está sempre parado. Quanto mais parado ele estiver, mais vai gostar. Tudo lhe causa preguiça. Para tirar esse tipo de pessoa do sofá, por exemplo, é preciso muita força de vontade, pois, isso é a coisa mais difícil de conseguir. Normalmente, para esse tipo de indivíduo somente duas coisas o motivam: comer comida gostosa e fazer sexo, preferencialmente, de maneira passiva, o resto não interessa. Essas pessoas são verdadeiras lesmas. Elas têm muito pouco de sanguíneo, muito pouco de melancólico e nada de colérico, que é o seu temperamento oculto.

Fleumático-sanguíneo: estar paralisado ainda é uma característica predominante no fleumático-sanguíneo, mas, em várias partes do dia, ele é alegre, brincalhão, sorridente, gosta de contar piadas e se for para se divertir ele ainda tem motivação. Esse indivíduo tem muito de sanguíneo, muito pouco de melancólico e nada de colérico, que é o seu temperamento oculto.

Fleumático-melancólico: também está sempre parado e, de tanto ficar parado, sem fazer nada, acaba entrando em um momento de reflexão e termina ficando magoado, aborrecido triste e chateado. Essa pessoa tem muito de melancólico, quase nada de sanguíneo e nada de colérico, que é o seu temperamento oculto.

Nesses três elementos da água: fleumático-puro, fleumático-sanguíneo e fleumático-melancólico, a predominância sempre será o medo e a inércia.

Tendências positivas dos fleumáticos: fidelidade, tranquilidade; o fleumático é paciente, sabe esperar; ele faz amizade facilmente, é equilibrado, é constante, organizado, caprichoso, confiante e sabe valorizar as coisas. O indivíduo fleumático deve trabalhar para alavancar, fortalecer e intensificar ainda mais essas qualidades.

Tendências negativas dos fleumáticos: monotonia, ritmo lento, constância; dificuldade para reagir; dependência, egoísmo; tende a perder tempo com qualquer coisa; repetição, insegurança e quer sempre levar vantagem.

Sanguíneo-puro: são pessoas aéreas, distraídas, irresponsáveis; vivem o tempo inteiro na rua, adoram se divertir, são alegres e descontraídas. Se você parar para pensar em alguma pessoa que você conheça que seja sanguínea, certamente, será alguém que lhe foi apresentado em alguma festa ou quando você estava se divertindo em algum lugar. Esse sujeito tem muito pouco de colérico, muito pouco de fleumático e nada de melancólico, que é o seu temperamento oculto.

Sanguíneo-colérico: é aquele tipo de pessoa que tira sarro de todo mundo, põe apelido em todo mundo, brinca com todos ao seu redor, mas, ele não gosta que brinquem com ele, se isso acontecer ele solta os cachorros e fica muito bravo. Essa pessoa tem muito de colérico, quase nada de fleumático e nada de melancólico, que é o seu temperamento oculto.

Sanguíneo-fleumático: esse tipo também brinca com todo mundo, mas, como tem pouca energia, logo essa energia acaba e ele paralisa, buscando se recuperar. Essa pessoa tem muito de fleumático, pouco de colérico e nada de melancólico, que é o seu temperamento oculto.

Nesses três elementos do ar: sanguíneo-puro, sanguíneo-colérico e sanguíneo-fleumático a predominância sempre será a alegria.

Tendências positivas dos sanguíneos: comunicação, sensibilidade; não se ofende facilmente; é otimista; demonstra interesse; tem bom humor, é sociável, criativo; busca sempre muitas alternativas e é muito animado. O sanguíneo deve trabalhar para alavancar, fortalecer e intensificar ainda mais essas qualidades.

Tendências negativas dos sanguíneos: infidelidade; falta de seriedade, superficialidade, irresponsabilidade, inconstância, não respeita prazos e horários; dispersão, não se fixa em nada; é esquecido, despreocupado; é especialista em falhar controles, ou seja, burlar as regras. Portanto, o sanguíneo deve se dedicar a transformar essas tendências negativas em positivas.

Melancólico-puro: esse tipo é terrível, só fala em desgraça, doença, catástrofes. Vive magoado, chateado, aborrecido, amargurado, ressentido, triste, infeliz; reclama e fala mal de tudo e de todos. Essa pessoa tem muito pouco de colérico, muito pouco de fleumático e nada de sanguíneo, que é o seu temperamento oculto.

Melancólico-colérico: Internamente, ele é um vulcão. Fica pensando, remoendo as suas mágoas e seus ressentimentos; normalmente, quando alguém pergunta o que ele tem e oferece ajuda, ele fica bravíssimo, solta os cachorros e diz para a pessoa ir cuidar de sua própria vida e que ela não tem nada a ver com o que ele está passando. Esse indivíduo tem muito de colérico, muito pouco de fleumático e nada de sanguíneo, que é o seu temperamento oculto.

Melancólico-fleumático: ele é tão triste que, normalmente, acaba entrando em depressão. Ele perde toda a sua energia e termina se transformando em fleumático. Tem muito de fleumático, muito pouco de colérico e nada de sanguíneo, que é o seu temperamento oculto.

Nesses três elementos da terra: melancólico-puro, melancólico-colérico e melancólico-fleumático a predominância sempre será a tristeza.

Tendências positivas dos melancólicos: compreensão, profundidade, seriedade, atenção, concentração, detalhamento;

registro histórico; é analítico; gosta de ajudar e usa muito o processo da indução e dedução. Portanto, o melancólico deve trabalhar para alavancar, fortalecer e intensificar ainda mais essas qualidades.

Tendências negativas dos melancólicos: ele é muito introspectivo, não tem bom humor, tende a ficar buscando um culpado, acha dificuldade em tudo, não deixa as pessoas errarem sozinhas; é nervoso, preocupado; não arrisca, é negativo, tem excesso de responsabilidade. Portanto, o melancólico deve trabalhar para transformar essas tendências negativas em positivas.

Contratar um funcionário não é uma tarefa muito fácil. Se admitirmos alguém, baseados apenas no seu conhecimento ou no que está exposto em seu currículo ou, ainda, porque passou no teste, corremos um grande risco de colocarmos na empresa um péssimo colaborador. Normalmente, os currículos são tão perfeitos que mais parecem uma obra de arte. Hoje existem até profissionais especializados em preparar currículos. O grande problema do conjunto de dados de um candidato é que ele acaba expondo somente as coisas boas; porém, quando contratamos alguém, recebemos um pacote completo, composto não somente de virtudes e qualidades, mas, também, de todos os defeitos do indivíduo, como, por exemplo, a desmotivação. Uma pessoa pode ter o melhor currículo do mundo e um enorme conhecimento, mas, se ela for desmotivada não nos servirá para coisa alguma. Portanto, temos que aprender a enxergar por detrás da cortina antes de contratarmos alguém e a melhor maneira de conseguirmos isso é através do conhecimento dos temperamentos humanos.

Conhecendo os temperamentos humanos teremos melhores condições de julgar o caráter de uma pessoa e, como consequência, seremos capazes de contratar um bom funcionário, além disso, estaremos aptos a colocá-lo na posição mais adequada dentro de nossa empresa, seguindo suas tendências naturais.

Outra boa maneira de conhecermos o caráter da pessoa que pretendemos contratar é conversar com seu último empregador, principalmente se o cargo do candidato for um cargo de confiança. Essa é a melhor dica que posso dar, pois, assim, não ficamos dependentes apenas do conhecimento sobre o ser humano, mas, teremos outras referências para avaliar o candidato, essa iniciativa pode nos livrar de muitos problemas.

Naturalmente, quanto mais bem-sucedidos nos tornarmos, mais distantes ficaremos da contratação de recursos humanos para os nossos negócios, nesse caso, devemos ser capazes de admitir e treinar as pessoas que farão esse trabalho por nós, do jeito que faríamos. Chamamos isso de duplicação, ou seja, a capacidade de fazer com que outras pessoas estejam aptas a realizar o que nós produziríamos, com a mesma dedicação e destreza.

Como julgar o caráter de clientes

Se os funcionários são os ativos mais valiosos de uma companhia, os clientes são as pessoas mais importantes. São os clientes que pagam nosso aluguel, nosso carro, nossa alimentação, a escola dos nossos filhos e nossas viagens. Nenhum tipo de negócio existe sem clientes, eles são a razão do nosso empreendimento. Por esse motivo é que um homem de negócios precisa ter as virtudes que descrevi anteriormente, o objetivo principal é que ele seja capaz de satisfazer os seus clientes. Mas, será que todos os clientes merecem atenção especial? É sobre isso que falarei em seguida.

Costumo dizer que o maior erro que uma empresa pode cometer é tentar agradar a todo mundo, nem mesmo Jesus Cristo foi capaz de conseguir isso.

Toda empresa é configurada para atender um determinado segmento de mercado, em função disso é muito comum observarmos ótimas empresas sendo criticadas por um grupo de pessoas. Quando isso ocorre é por que a empresa não foi criada para contemplar esse grupo específico. Por conta disso esses indivíduos se sentem deixados de lado, reagem contra e podem até chegar ao ponto de dizer que estão sofrendo preconceito, quando, na verdade, eles apenas não fazem parte da fatia de mercado para a qual a empresa foi concebida.

Como homens de negócios, temos também, que saber julgar o caráter de um cliente. Alguns clientes podem não ser bons para o nosso negócio e podem, até mesmo, nos prejudicar, por esse motivo é que devemos ser capazes de identificá-los e evitá-los. Um bom exemplo de cliente que não serve para os nossos negócios é o tipo mesquinho, que sempre busca pechinchar.

Existem dois tipos de clientela mesquinha: o que já é cliente e aquele que pretende ser. Muitas vezes, é preferível não termos como clientes esse modelo, pois, normalmente eles trazem mais problemas do que benefícios, assim sendo, é necessário que aprendamos a detectá-los e encontremos a melhor maneira de lidar com eles. Na verdade, o que esses clientes costumam fazer, é testar nossa convicção no serviço que estamos prestando ou no produto que oferecemos, para, a partir daí, tirar vantagem.

Quando tratamos com clientes que têm esse tipo de conduta, a primeira coisa que precisamos aprender é: valorizar nosso trabalho. Se não acreditamos no serviço que prestamos ou na mercadoria que produzimos, é melhor nem abrirmos um negócio. Não existe meio termo. O que fazer, então, com o cliente mesquinho?

O mesquinho que já é cliente: se você é um prestador de serviços ou gera o seu próprio produto, você não deve, sob pena de perder a postura, diminuir seu preço. Reduzir o custo é o mesmo que desvalorizar o seu produto ou serviço, é a mesma coisa que dizer que você não acredita na qualidade daquilo que você oferece. Se você for convicto e mantiver a sua postura, esse cliente acabará permanecendo com você. Se você ceder uma vez, na próxima oportunidade ele irá chantageá-lo e vai insinuar que trocará de fornecedor para convencê-lo a abaixar o preço e isso se tornará uma constante.

O mesquinho que ainda não é cliente: acreditando no seu serviço ou no produto que você oferece o que vai fazer com que esse mesquinho se torne um cliente é a sua convicção, portanto, mantenha-se firme até o final e, é claro, explique a ele a razão pela a qual você permanece com sua postura, apoiado na convicção que você tem na qualidade do seu serviço ou do seu produto.

Tanto no caso do primeiro quanto no segundo tipo de cliente mesquinho, a única possibilidade de você abaixar o preço é quando os serviços oferecidos ou os produtos não são prestados ou produzidos por sua própria companhia. Nesse contexto, você pode negociar com ele se souber que conseguirá um desconto com seu fornecedor. Caso contrário, você estará se desvalorizando e diminuindo sua margem de lucro por falta de convicção e, em pouco tempo, você estará em maus lençóis.

Uma coisa é negociar com clientes, isso faz parte dos negócios e é saudável, outra situação bem diferente é tratar com pessoas desonestas como essas, as mesquinhas. Na verdade, o que elas querem é apenas levar vantagem.

Como homens de negócios precisamos aprender a julgar o caráter dos clientes para saber em qual clientela vale à pena ou não investir nosso tempo e esforço. É sempre bom lembrarmos o princípio de Pareto. Vilfredo Pareto (1848-1923) foi um sociólogo, teórico político e economista italiano, segundo ele 80% das consequências advêm de 20% das causas. No caso de negócios, isso significa que 80% da receita de uma empresa provêm de 20% dos clientes, esses dados ratificam o fato de que não devemos dar atenção para certos tipos de clientes, é preciso, sim, que aprendamos a lidar com eles para aperfeiçoarmos a relação cliente/empresa e alavancarmos nossos negócios.

Como julgar o caráter de outras empresas

Se os funcionários são os ativos mais valiosos de uma companhia e os clientes as pessoas mais importantes, os fornecedores são fundamentais, pois, sem eles, nossos negócios não vão para frente.

Consideramos fornecedores todas as empresas ou pessoas que, de alguma forma, direta ou indiretamente, interferem no nosso produto ou serviço, assumindo sua participação e responsabilidade pelo que oferece.

A princípio, o caráter de uma empresa é definido pela média dos caráteres de todas as pessoas que trabalham nela. Consequentemente, o caráter da empresa poderá ser bom ou ruim, isso vai depender de como são as pessoas que nela trabalham. O problema é que uma única pessoa de mau caráter pode determinar o conceito que fazemos da companhia.

Podemos ser os melhores homens de negócios do mundo, possuindo todas as virtudes necessárias para isso. Podemos ter os melhores sócios, funcionários e clientes do planeta, mas, se os nossos fornecedores não estiverem a nossa altura, tanto o nosso negócio quanto a nossa reputação poderão ir por água abaixo. Por essa razão, é fundamental que sejamos capazes de julgar o caráter dos nossos fornecedores.

Somos capazes de julgar o caráter de uma empresa ou fornecedor de acordo com uma série de fatores que vou colocar logo abaixo; os pontos expostos a seguir são fundamentais para facilitar o entendimento do caráter de uma empresa:

Atendimento: o primeiro contato que mantemos com uma companhia é o mais importante. Podemos ter vários tipos de contato, como, por exemplo, o pessoal; por telefone, e-mail, *WhatsApp*, mensagens, etc. Não importa como nos comunicamos com a empresa, o que é relevante, nesse caso, é a presteza e a rapidez com que somos atendidos e, obviamente, se conseguimos atingir nosso objetivo.

Código de Conduta Para Ser Bem-Sucedido nos Negócios

Um bom atendimento é um bom atendimento e um mau atendimento é um mau atendimento, não importa o tipo de tecnologia que a empresa utiliza. A princípio, na maioria dos casos, por detrás da tecnologia também existe uma pessoa responsável pelo atendimento. No final das contas, esse atendente por detrás da tecnologia é o responsável por um bom ou mau atendimento, portanto, essa pessoa é uma das mais importantes da companhia e deve ser muito bem treinada, caso contrário poderá arruinar com a reputação da companhia.

Aposto que você já deve ter ficado irritado por ter ido a alguma empresa em busca de uma informação e, além de não ser bem atendido, você não obtéve a informação que precisava. Talvez você já tenha ligado para uma empresa e foi atendido por um URA (Unidade de Resposta Audível) e, depois de ter respondido uma dezena de perguntas, você ficou aguardando mais de meia hora, escutando uma musiquinha insuportável e, quando finalmente foi atendido, a pessoa não conseguiu resolver o seu problema. Ou, então, você foi atendido de modo superficial e a pessoa lhe prometeu um retorno, mas, infelizmente, até hoje você está esperando a resposta. Pode ser, também, que você tenha enviado um e-mail pedindo informações e cansou de aguardar pelo retorno. Isso lembra um caso que aconteceu comigo, passei um e-mail pedindo informações para uma pessoa e, pasmem, recebi a resposta depois de quatro anos. Isso mesmo quatro anos. E a pessoa queria negociar comigo, mas, agiu dessa maneira.

Quem sabe você já passou um *WhatsApp* para uma empresa, observou que alguém leu, mas, nunca lhe respondeu. Essas são situações que comumente acontecem, por isso, é fundamental que observemos particularidades como essas na conduta da empresa com a qual pretendemos estabelecer uma parceria e, obviamente, se a companhia tiver esse tipo de comportamento, devemos descartá-la, pois, é certo que teremos muitos problemas se não obtivermos um retorno de excelência.

Pontualidade na entrega: quando prestamos um serviço ou fornecemos um produto sempre estamos atrelados a um orçamento e a um prazo, portanto, se qualquer um de nossos fornecedores, sejam eles de produtos, serviços ou materiais, não forem pontuais, falharemos com nosso cliente e, como consequência, nossa empresa e reputação serão afetadas.

Não existe nada mais constrangedor do que explicar para um cliente que atrasamos seu serviço ou a entrega do seu produto por causa de um fornecedor quando, na verdade, a culpa é nossa, já que como empresários devemos prever esse tipo de situação.

Qualidade dos produtos e serviços: assim como a pontualidade está atrelada a um orçamento e a um prazo, a qualidade dos nossos serviços ou produtos está vinculada ao bom nível dos serviços, materiais ou produtos que recebemos dos nossos fornecedores. Se os fornecedores falharem conosco nossos serviços ou produtos também não serão de boa qualidade e isso se tornará um verdadeiro desastre, pois, fará com que nossos clientes corram para a concorrência, determinando a queda do nosso faturamento e, por conseguinte, deteriorando os nossos negócios.

Preço competitivo: a sobrevivência dos nossos negócios não depende somente da pontualidade e da qualidade dos produtos e serviços que recebemos dos fornecedores, mas, também, de um preço competitivo, pois, se não oferecermos um preço compatível com o mercado, nosso produto não estará pronto para a concorrência e, com isso, não conseguiremos sobreviver muito tempo.

Antecedentes estáveis: assim como nos preocupamos com os antecedentes de uma pessoa, devemos nos preocupar com os antecedentes dos fornecedores. Preocuparmo-nos com os antecedentes de um fornecedor é como conversarmos com o antigo empregador de um candidato à uma vaga de emprego, ou seja, é altamente recomendável.

Cumprimento de promessas: igualmente à lealdade, que é um acordo assumido conscientemente entre duas pessoas, que implica em cumprir um compromisso, mesmo que as situações se tornem adversas, o cumprimento da promessa de um fornecedor afeta os nossos negócios à medida que, por causa de sua promessa, nos comprometemos com nossos clientes; se isso não funcionar, se o fornecedor não cumprir com a sua promessa, os negócios podem ser afetados de maneira drástica.

Apoio técnico: quando usufruímos de um serviço ou produto de um fornecedor, podemos precisar do seu apoio técnico, já que, dependendo do que for oferecido, não teremos todo o conhecimento necessário para atender os nossos clientes, portanto, um bom fornecedor deve ter a obrigação de nos dar assistência, se necessário.

Informação no acompanhamento do produto ou serviço: não basta apenas termos o apoio do nosso fornecedor com relação à parte técnica, mas, também, necessitamos de informação e acompanhamento dos produtos e serviços para que possamos aprender sobre eles e, consequentemente, nos tornarmos independentes.

Conhecer o caráter dos nossos fornecedores é tão importante quanto conhecer o caráter dos nossos sócios e funcionários, pois, o resultado positivo da entrega de nossos serviços ou produtos também depende deles.

Sobre ser um bom juiz de caráter

Para que nos tornemos bem-sucedidos nos negócios, devemos, em primeiro lugar, passar por uma transformação em nós mesmos. É por essa razão que este código de conduta inicia suas orientações expondo as virtudes que todo homem de negócios deve ter. Antes de qualquer coisa, devemos fazer um autojulgamento para descobrirmos quais virtudes possuímos e quais são aquelas que ainda temos que desenvolver; assim, seremos capazes de julgar os possíveis parceiros.

Um empreendedor, para ser verdadeiramente bem-sucedido, deve conduzir seus negócios baseado na ética do caráter, somente assim ele conseguirá fazer com que seu empreendimento dure gerações. Caso contrário, ele pode até fazer sucesso por algum tempo, mas, certamente, suas conquistas não serão duradouras.

Qualquer pessoa pode fingir ter um bom-caráter, demonstrando, através de atitudes ensaiadas, o que os outros gostam de ver. Com isso, o indivíduo consegue enganar e tirar vantagens das pessoas ao seu redor. Podemos, por exemplo, servir sopa para velhinhos aposentados ou passar na portaria da empresa e, de repente, voltar para cumprimentar o porteiro, andar na chuva enquanto segura o guarda-chuva de uma mulher, abrir a porta do carro para alguém. Eu não tenho nada contra essas ótimas atitudes, desde que elas sejam naturais. O problema é fazer isso propositalmente, porque sabe que quem está olhando vai espalhar sua "boa" ação. Nesse caso, esse tipo de comportamento é desonesto e, portanto, condenável. As pessoas que agem dessa maneira sabem o quanto os demais apreciam esse tipo de atitude e usam esse artifício como manipulação para aumentar sua credibilidade e aceitação e tirar proveito disso.

Indivíduos assim podem fazer um sucesso estrondoso por um determinado tempo, mas, no final, tudo acaba. Eles são desmascarados e, com o tempo, passam a não ter mais confiabilidade. Talvez você já tenha conhecido alguém assim, quem sabe um político.

Como um homem de negócios, você se envolverá com pessoas de todas as qualidades; muitas delas serão mau-caráter e tentarão, a todo custo, tirar vantagem de você. É por isso que você precisa se tornar um bom juiz de caráter, caso contrário, o risco de fazer negócio com as pessoas erradas é grande; esses indivíduos podem lhe prejudicar ou, até mesmo, destruir sua empresa. Por todas essas razões, é que considero de extrema importância estudar o ser humano e nos tornarmos um bom juiz de caráter.

Cada detalhe apresentado neste capítulo é importante para que os negócios sejam bem-sucedidos. Não tem como fazermos com que nosso empreendimento cresça se não seguirmos alguns parâmetros que nos norteiem e nos levem ao sucesso. É impossível almejarmos montar um negócio sem regras, sem disciplina, sem analisar cada minúcia do que temos que fazer; como devemos agir; que caminho nós devemos tomar.

Seguir os princípios básicos de como ser um bom juiz de caráter é apenas o início para que seus negócios tenham um espaço importante no mercado e você seja um grande empreendedor, se destacando dos demais, que, muitas vezes, levam seu empreendimento superficialmente, achando que podem obter sucesso agindo assim. Não. Para alcançar o sucesso é preciso pensar direito, é necessário olhar pormenores que nem imaginamos que existam; temos que, inclusive, olhar para dentro de nós mesmos, para que sejamos capazes de expandir nossos empreendimentos e, também, para que possamos evoluir como pessoa.

Nosso sucesso depende de uma boa avaliação a respeito de quem vamos escolher como sócios; como funcionários, como fornecedores e, principalmente, como clientes, por isso é fundamental sabermos julgar o caráter dessas pessoas ou empresas para que estejamos aptos a determinar quem deve ou não deve estar ao nosso lado.

Analisar a nós mesmos, conhecer as pessoas, avaliar os fornecedores é fundamental para que os negócios corram bem e sejam como devem ser: prósperos.

Seja Orientado ao Cliente

Considero como cliente qualquer empresa ou pessoa para quem fornecemos produtos ou serviços de toda natureza. Os clientes são a razão da existência do empresário, sem eles nos não existiríamos. Portanto, eles são as pessoas mais importantes para os negócios e para as relações interpessoais.

Existem muitos tipos de clientes, como, por exemplo: o prospecto, que é um cliente que pode estar interessado no nosso produto ou serviço. O freguês, comprador ou *Shopper* que são aqueles que visitam o negócio pelo menos uma vez. Há, também, o cliente eventual, são aqueles que já adquiriram produtos ou serviços na empresa. Já, o cliente regular tem como hábito adquirir produtos ou serviços fornecidos por nossa empresa. Cliente defensor é aquele que elogia sua empresa, seus produtos ou seus serviços para os outros. Os clientes da concorrência são os que compram ou adquirem produtos ou serviços dos nossos concorrentes. O interno são aquelas pessoas que trabalham em nossa empresa e que influencia o processo produtivo. Clientes pessoais são todos aqueles que têm influência em nossas vidas e, consequentemente, em nosso desempenho no trabalho.

Focando nas categorias de clientes apresentadas acima, podemos desenvolver ações específicas para cada tipo, no entanto, esse não é o intuito deste livro. Assim, vou falar apenas dos aspectos que são importantes para todos os tipos de clientes, independentemente da classe na qual se encaixam.

Atenda bem o seu cliente

Como foi dito anteriormente, os clientes entram em contato com as empresas de muitas maneiras diferentes, como, por exemplo, por telefone, e-mail, WhatsApp, formulário da web, pessoalmente etc.

Não importa por qual canal seu cliente fala com você, não o prejulgar é a primeira regra que deve ser seguida. Você jamais saberá quem, exatamente, é a pessoa que procura a sua empresa, por isso é importante que você ou seus empregados atenda todas as pessoas como se elas fossem os melhores clientes do mundo.

Não é porque você escutou alguém lá do outro lado da linha falando como caipira que ele não mereça sua atenção. Talvez o e-mail que você tenha recebido dê a impressão de que foi escrito por um analfabeto, não importa, você não deve desprezá-lo. Se uma pessoa malvestida entra em sua loja, você jamais deve maltratá-la. Esse tipo de atitude, além de ser muito ruim para os negócios, é considerado como comportamento discriminatório e, é claro que isso é altamente condenável.

Código de Conduta Para Ser Bem-Sucedido nos Negócios

No primeiro contato do cliente, você jamais saberá quem são de verdade seus prospectos, fregueses, compradores ou *shoppers*. Vou exemplificar o que estou acabando de dizer, contando uma história que aconteceu comigo.

Certo domingo, em 2008, após ter concluído mais um treino de Kung Fu, eu estava voltando para casa e, como de costume, passei numa padaria para tomar um cafezinho com leite e comer um pão com mortadela, coisa que eu adoro fazer. Quando estava deixando a padaria, uma garota me entregou um panfleto sobre um empreendimento imobiliário. Quando abri o folheto não tive dúvidas, era exatamente o que eu procurava. Tinha uma foto linda de um prédio muito diferente que iria ser construído na região. Fiquei maravilhado com o design da construção, então, no mesmo instante, fui até o local. Chegando lá, havia um stand e bem no meio dele, uma maquete do edifício chamava a atenção. Fiquei encantado, percorrendo a maquete para observar todos os detalhes. Mas, o curioso, é que ninguém veio me atender. Nenhuma daquelas corretoras bonitas veio falar comigo. Talvez elas não tenham vindo me atender porque eu não sou um cara bonito e estava vestindo um abrigo surrado. Bem, então, me dirigi até a mesa de um dos corretores e perguntei se ele podia me dar mais informações sobre o empreendimento. Ele me acompanhou até a maquete e me explicou detalhe por detalhe. Quando o corretor terminou sua explanação, olhei para ele e disse: "Vou ficar com esse aqui". E fechei o negócio no mesmo instante. Depois, fui para casa, peguei minha esposa e, fingindo que íamos sair para um simples passeio, eu a levei até o local do empreendimento e disse a ela: "Comprei esse apartamento para nós".

Esse é o apartamento que mencionei no começo deste livro, avaliado, hoje, em mais de dois milhões e meio de reais. Três meses depois, voltei ao local e comprei mais um com o mesmo corretor.

É por essa e por muitas outras razões que jamais devemos prejulgar um cliente. A minha aparência passava a mensagem de que eu nunca seria capaz de comprar um apartamento daquele porte, entretanto, a realidade era outra, eu não só tinha condições de adquirir aquele imóvel, como paguei à vista. As moças bonitas que estavam ali para vender, me prejulgaram e perderam a oportunidade de ganhar sua comissão e, seu eu fosse embora, a construtora perderia um cliente promissor.

Tecnologias como telefone, e-mail, WhatsApp, formulário da web etc. são excelentes aliados para um bom atendimento, entretanto, se usados da maneira errada, podem se tornar nossos maiores inimigos. Quando um cliente entra em contato conosco através de um desses meios, ele deseja, no mínimo, ser bem atendido. Isso significa que ele quer ser atendido rapidamente e que seu problema seja resolvido. Se ele tiver que esperar ao telefone mais de meia-hora ou por mais de um dia, no caso de e-mail ou WhatsApp, pode ter certeza de que ele ficará irritado. Na verdade, se o cliente não receber a resposta prontamente, ele procurará um concorrente e poderá fechar o negócio com outra empresa, caso o atendimento seja mais eficiente.

Faz parte de um bom atendimento telefônico, atender ao primeiro toque ou, no máximo, até o terceiro; se identificar dizendo o seu nome e o de sua empresa e, claro, ser cordial desejando um bom dia, uma boa tarde ou boa noite. Outro aspecto importante é que quem estiver atendendo deve ser objetivo e falar somente o necessário e deve usar termos fáceis de serem compreendidos, evitando terminações técnicas que possam confundir o cliente. Quem estiver atendendo deve evitar expressões indesejáveis e demonstrações excessivas de simpatia, sugerindo intimidade, esse tipo de comportamento pode ser entendido como falta de respeito. Outras boas práticas são aconselháveis, como nunca interromper bruscamente uma conversação; sempre usar da delicadeza empregando expressões como: obrigado, às ordens, por favor, desculpe-me etc. Assim, você preservará sua imagem e a da companhia. Por fim, jamais deixar o cliente esperando na linha e, em hipótese alguma, dizer que vai retornar à ligação e não retornar, isso demonstra falta de comprometimento.

Cliente algum gosta de ficar esperando para ser atendido. É horrível quando chegamos a um restaurante, padaria ou lanchonete, sentamos à mesa e ninguém vem nos atender. Pior ainda é quando o funcionário está fazendo alguma outra coisa, como, por exemplo, varrendo o chão, lavando pratos ou até mesmo falando ao telefone e não nos atende. Faz parte da boa prática, mesmo que um funcionário esteja ocupado atendendo outro cliente, no mínimo, pedir para o próximo aguardar um instante; se isso não for possível, a pessoa que está atendendo deve usar de sua sensibilidade e agir da maneira mais adequada, de acordo com o momento ou situação. O cliente precisa saber que foi notado e que será atendido assim que possível.

Não adianta conquistar o cliente no primeiro atendimento se a presteza não for mantida. O bom atendimento é um processo contínuo, portanto, se em qualquer ponto desse processo você ou sua equipe falhar, você poderá perder o cliente para seu concorrente.

O fluxograma a seguir demonstra como deve ser um bom atendimento para transformar prospectos, fregueses, compradores ou *shoppers* em clientes defensores, que, através da famosa "boca a boca", influenciarão os clientes dos concorrentes e outras pessoas a se tornarem nossa clientela. B.A. no fluxo abaixo significa Bom Atendimento.

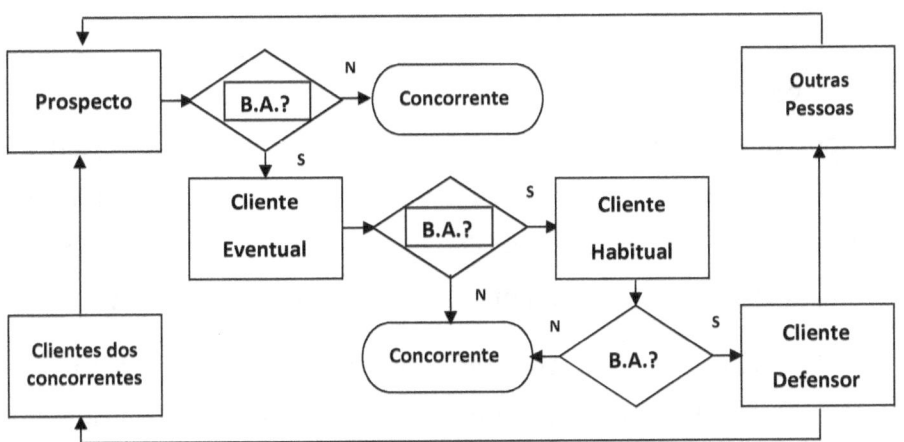

Tão importante quanto os clientes externos, são os clientes internos, compostos por nossos colegas de trabalho. E, também, nossos clientes pessoais que são as pessoas que nos rodeiam, principalmente as mais queridas como o nosso companheiro ou companheira, nossos pais, filhos, irmãos, irmãs e amigos.

Se os clientes internos são mal atendidos ou maltratados ou eles nos abandonam ou nos demitem. O mesmo ocorre com nossos clientes pessoais. Experimente não atender bem ou maltratar seu companheiro ou companheira, seus pais, filhos, parentes e amigos; mais dia, menos dia, certamente, eles o abandonarão.

Muitas vezes não levamos o atendimento a sério, acabamos achando irrelevante e não nos empenhamos em melhorar essa importante fracção de todo conjunto que faz uma empresa funcionar. Se pensarmos assim não chegaremos a lugar algum, pois, o atendimento é, sim, primordial para os negócios, por essa razão, é fundamental que a pessoa que pretende ser bem-sucedida em seus empreendimentos dê uma atenção especial para essa área.

Repare nos detalhes salientados aqui, preocupe-se em dar um bom atendimento, passe esse valor para seus funcionários. Quando o cliente é bem recebido, ele permanece, caso contrário, ele pode ir embora e nunca mais voltar e, pior ainda, ele não vai recomendar a sua empresa a ninguém, se não sair falando mal.

Mais do que proporcionar um produto ou um serviço, devemos oferecer valor. Um bom atendimento agrega valor, pois, não há nada mais importante do que a valorização das relações humanas.

Conheça bem o seu cliente

O primeiro passo para o sucesso dos nossos negócios é conquistar o cliente, ou seja, fazê-lo tornar-se um cliente eventual, depois habitual e, por fim, um cliente defensor. Mas, pense bem, como você pode agradar um cliente sem conhecê-lo? Talvez você possa acertar em algumas vezes, mas, certamente, você irá cometer erros na maioria dos casos.

Código de Conduta Para Ser Bem-Sucedido nos Negócios

Acho que todo mundo, pelo menos uma vez na vida, deu um presente para alguém. É muito fácil quando você conhece bem a pessoa, conhece seus hábitos e sabe, quase que com certeza, do que ela gosta. Já, o oposto, que é dar um presente para um desconhecido se torna uma tarefa complicada. Normalmente, para não arriscarmos dar um presente que a pessoa odeie, procuramos nos informar com algum amigo dela para, somente depois, presenteá-la.

Como empresários deveríamos ser capazes de conhecer nossa clientela mesmo antes de ela se tornar um cliente efetivamente ou, pelo menos, enquanto ainda são prospectos. Por essa razão, devemos de antemão escolher qual será nosso seguimento de mercado e nosso público alvo. Esse deve ser o primeiro passo antes de empreendermos. Outra iniciativa importante é criarmos, nós mesmos, nosso seguimento de mercado e nosso público alvo, porém, esse é um passo mais à frente.

Conhecer os clientes mesmo antes de eles se tornarem nossos clientes efetivos é o suprassumo da informação, todas as empresas deveriam ser capazes de conseguir antecipar essa ação, principalmente para que o seu marketing seja mais eficaz. Hoje em dia, muitas empresas fazem isso com você e talvez você nem perceba. Elas pesquisam, analisam e buscam conhecer seu público alvo para atuar de maneira eficiente no mercado, proporcionando ao cliente maior facilidade e qualidade nos serviços e produtos.

Seus hábitos revelam quem você é e empresas como a Google, Facebook, Target, Procter & Gamble, Starbucks, Alcoa e muitas outras se aproveitam e tiram vantagem disso. Não é por acaso que depois que você pesquisou um assunto no Google você passa a ver anúncios sobre aquilo ou sobre algum assunto relacionado com aquilo que você havia pesquisado. Quando você curte algum post no Facebook, de repente, começam a aparecer no seu Feeds, anúncios referentes ao que você curtiu.

Parece impossível conhecer alguém mesmo antes de essa pessoa se tornar nosso cliente, mas, não é impraticável. Algumas empresas já fazem isso há muito tempo e, com a tecnologia disponível atualmente, você também pode fazer. Esse processo não é nada mais nada menos do que estatística baseada em tecnologia de análise matemática de dados, portanto, como homem de negócios, você precisa ser capaz de analisar o seu público alvo. Conhecer bem a fatia de mercado da qual faz parte o seu público alvo é uma vantagem que você não pode desprezar se quiser ser bem-sucedido.

O que acabei de dizer é, certamente, muito importante, porém, mais significativo do que isso, é a convivência com os nossos clientes no dia a dia. Ainda não existe nenhum tipo de tecnologia disponível no mercado que proporcione uma convivência melhor ou mais intensa, o que há somos nós mesmos com nosso tato e nossa compreensão. Conviver com os nossos clientes, tentando descobrir seus anseios e seus desejos é a melhor ferramenta. Observando nossos clientes seremos capazes de conhecê-los melhor e tratá-los de maneira mais adequada.

Existe um ditado que diz que "a palavra convence, mas, o exemplo arrasta", por isso vou contar mais uma história sobre a minha rotina, que vai exemplificar a importância de se aproximar do cliente para conhecê-lo melhor e, assim sendo, poder atendê-lo eficientemente, satisfazendo assim seus anseios.

Mestre Gabriel Amorim

Código de Conduta Para Ser Bem-Sucedido nos Negócios

Eu não costumo tomar café em casa, prefiro ir à padaria. Conheço dezenas de padarias em São Paulo. Em uma delas eu tomo meu café há mais de vinte anos. Quando eu chego ao balcão o funcionário que serve o café me pergunta: "Gabriel, média e pão com ovo ou só expresso com leite? " Eu nem me lembro de ter falado meu nome para ele, mas, ele foi um bom observador e guardou meu nome. Em outro estabelecimento que também costumo frequentar há, pelo menos, quinze anos, assim que eu chego, o senhor que serve o café me pergunta: "Mestre, café com leite no copo e pão com fatias de mortadela? " Também, não tenho ideia de como ele sabe que eu sou Mestre de Kung Fu, porém, ele observou esse detalhe. Algumas vezes, esse senhor me viu chegando e quando sentei no balcão meu café com leite e meu pão quente com as três fatias de mortadela, como eu gosto, já estavam no balcão me aguardando. Em outra padaria que frequento há uns cinco anos, quando entro com minha esposa, a garota que serve a mesa me pergunta: "O de sempre, senhor? ". Para resumir, por que você acha que há tanto tempo eu tenho o hábito de ir a essas três padarias? Eu não vou a outras que são pertinho da minha casa porque deixam a desejar no atendimento.

Tenho insistido nessas situações que parecem irrelevantes, mas, são de extrema importância para um bom funcionamento do nosso negócio. Ora, o que pode acontecer com esses estabelecimentos que não dão importância ao atendimento e que não se preocupam em conhecer bem o seu cliente é, simplesmente, a falência. Sim, isso é bem provável de ocorrer e o empreendedor, depois que leva o seu negócio à ruína, muitas vezes, nem imagina que foi esse detalhe que o venceu.

Mestre Gabriel Amorim

Como eu posso oferecer um serviço ou produto se eu não sei a quem devo ofertar? É claro, que eu preciso me ater a essa regra básica, que é conhecer o meu cliente. Como falei no início deste livro, devemos valorizar o serviço ou produto que oferecemos. Nesse caso, se não nos propusermos a analisar nossa clientela, é como se jogássemos nossos produtos ou serviços para o alto e quem pegar, paga. Ninguém quer uma coisa assim, jogada, as pessoas exigem qualidade naquilo que procuram e ser bem atendido é uma iniciativa atraente para o cliente. Se conhecermos melhor nosso cliente, teremos condições de oferecer um bom atendimento.

O que acontece nas padarias que costumo frequentar é que eu, como cliente, sempre volto aos mesmos estabelecimentos, porque a demonstração de cordialidade e atenção de alguns funcionários me dão segurança e prazer em estar ali, portanto, se atente para essa conduta, procure conhecer os seus clientes para, assim, atrair mais oportunidades e crescimento para o seu negócio.

Conheça bem o seu produto

Você atendeu muito bem o cliente e conversou com ele suficientemente para conhecê-lo, com isso, conseguiu sua atenção, porém, seu processo de atendimento não terminou. Você precisa conhecer bem o seu produto ou serviço, caso contrário poderá perder o cliente nessa fase.

Todo empresário deve ter um bom conhecimento sobre seus produtos e serviços; não somente isso, mas, também ser capaz de fazer com que seus funcionários também os conheçam, afinal, são seus representantes.

Parece meio óbvio isso que estou dizendo, mas, muita gente aventura-se em um negócio sem se aprofundar naquilo que vai oferecer e isso pode se tornar um grande desastre. O que esse empreendedor desavisado tem em mente é uma visão superficial do produto ou serviço que colocará no mercado e, por motivos claros, isso não é suficiente.

Devemos, no mínimo, conhecer certos detalhes dos nossos produtos e serviços. As considerações abaixo farão com que você entenda melhor essa etapa que um homem de negócios jamais deve ignorar.

Utilidade: ninguém em sã consciência compraria alguma coisa sem saber para que serve; portanto, devemos considerar uma variedade de uso que complementa nossos produtos ou serviços.

Qualidade: devemos não somente ter certeza da qualidade dos nossos produtos e serviços, como também devemos ser capazes de compará-los com os produtos de nossos concorrentes, ou seja, em outras palavras temos que ter certeza de que a qualidade do que oferecemos é superior à da concorrência. Isso significa que conhecer os produtos e serviços dos nossos concorrentes também é de extrema importância, sem isso não teremos parâmetros e podemos acabar sendo engolidos pelo concorrente, caso ele ofereça algo melhor do que nossa empresa apresenta ao mercado.

Benefícios: conhecer o leque de benefícios dos nossos produtos e serviços é um dos maiores diferenciais que podemos ter para fechar um negócio. Não fará diferença nenhuma para o cliente comprar conosco ou com o concorrente se ele não conhecer os benefícios dos nossos produtos ou serviços.

Funcionamento: uma coisa é falarmos como funcionam nossos produtos ou serviços e outra bem diferente é mostrarmos do que eles são capazes através de um teste drive, por exemplo.

Você pode ver um carro na vitrine, isso é normal, mas, é outra coisa quando você vai até uma agência de automóvel e faz um teste drive. Muitas vezes, você só estava divagando sobre comprar um carro, porém, se você for a uma concessionária e o vendedor lhe oferecer um teste drive, você poderá mudar sua intenção facilmente, de anseio para a efetivação da compra. Não há nada comparado a você entrar no carro almejado, sentar naquele banco macio, sentir o cheirinho de carro novo, ligar o motor e ouvir o seu ronco, sair devagarinho, depois acelerar e sentir o torque do motor. Mais tarde, certamente, você vai para casa e fala para sua esposa: "Benhê! Comprei um carro". Você pode imaginar um vendedor de carro que não sabe dirigir. Estranho não acha? Ou seja, um vendedor de automóveis deve conhecer todo o funcionamento do carro para que ele seja capaz de evidenciar as qualidades do veículo e convencer o comprador a levar o produto.

Ter o perfeito entendimento sobre os nossos produtos e serviços nos dá coragem e confiança para falar com os clientes. Quanto mais preparados estivermos, descobriremos mais vantagens sobre a utilização de nossas mercadorias ou de nossos serviços, podendo, assim, convencer mais facilmente nosso cliente a escolher a nossa empresa para fazer negócio. Além disso, estaremos mais preparados para enfrentar nossos concorrentes.

Outro detalhe que não podemos ignorar é o fato de que não há como termos entusiasmo se não conhecemos nossos produtos ou serviços; outra ocorrência grave quando não conhecemos nossos produtos e serviços é cairmos na armadilha de não sermos capazes de sanar as dúvidas de nossos clientes. E, mais grave ainda, é quando não conseguimos eliminar suas objeções. Portanto, quanto mais conhecermos nossos produtos ou serviços, mais fácil será para conquistarmos novos clientes e é isso o que queremos, certo?

Desenvolva técnicas de venda

Não adianta nada conhecermos bem nossos produtos e serviços, nem atendermos bem nossos clientes, se não soubermos vender. Qualquer um de nós pode fechar alguns negócios, o problema não é esse, mas, sim, a média com que fechamos tais negócios. É essa média que nos tornará bem-sucedidos ou decretará nossa morte.

Como homens de negócios, podemos ser peritos em vendas, mas, será que nosso funcionário que trabalha na ponta, no dia a dia, consegue fazer o mesmo? Provavelmente, não. É por essa razão que devemos desenvolver o que chamamos de técnica, padrão, modelo ou método de venda, que é o que garantirá que nossos funcionários consigam vender como nós, os donos do negócio. Chamamos isso também de duplicação, ou seja, conseguir com que os outros façam o que nós fazemos tão bem quanto nós. É esse processo que garantirá a média de vendas que precisamos para obter sucesso e permanecer no mercado.

Código de Conduta Para Ser Bem-Sucedido nos Negócios

Observe que muitas empresas de sucesso fazem isso muito bem, como, por exemplo: McDonald's, Burger King, Starbucks e muitas outras. Se você visitar várias dessas empresas na sua cidade, perceberá que, praticamente, não existe diferença nem no atendimento, nem nos produtos e serviços. Esse é o poder da duplicação. É isso que garante tanto o bom atendimento quanto a qualidade dos produtos e serviços dessas companhias e, consequentemente, seu sucesso.

Padrões, modelos, duplicação, métodos e técnicas de vendas, são procedimentos que todo homem de negócios deve ser capaz de desenvolver e de conseguir implementar em sua companhia. Como líder, devemos guiar nossa companhia para o rumo certo e fornecer as melhores ferramentas para que a gerência consiga fazer com que todos os funcionários trabalhem eficientemente, somente assim nos tornaremos de fato bem-sucedidos.

Muitas pessoas não dão importância para a tarefa de vender, algumas até têm preconceito com relação a isso, dizem que não estudaram para se tornar meros vendedores. A questão é que tudo nessa vida é vendável. Estamos praticando o ato de vender o tempo todo, mesmo que inconscientemente. Por exemplo, quando nos candidatamos a uma vaga de emprego, estamos vendendo nossos serviços. Dentro de uma empresa temos os nossos concorrentes e se queremos progredir, nesse caso, precisamos prestar um bom serviço, então, nós ofertamos o nosso trabalho aos nossos chefes e isso nada mais é do que venda. A todo o momento, estamos vendendo; vendemos nossa imagem quando queremos impressionar, vendemos nossa inteligência quando queremos mostrar algo diferente do que existe por aí e assim vai. Por isso é que temos que valorizar essa área nos nossos negócios, só assim nós seremos bem-sucedidos.

Desenvolva a pronta entrega

A pronta entrega, obviamente, é inviável para determinados tipos de produtos ou serviços, porém, quando for viável, a quem conseguir implementá-la, essa pessoa terá um enorme diferencial frente aos concorrentes.

Darei um exemplo simples para demonstrar o quanto é importante ter o produto para pronta entrega: vamos supor que você precise de leite e perto da sua casa existem três locais onde você pode comprar. O que você faria se você fosse a um desses locais e o dono dissesse que só pode lhe entregar o leite no dia seguinte? Obviamente, você comprará em outro lugar.

Eu sei que esse exemplo é simplista, entretanto, ele espelha a realidade dos fatos. Ninguém gosta de esperar por um produto ou serviço para que seja entregue no outro dia, principalmente se souber que pode obtê-lo no mesmo instante. Isso é evidente.

Quanto maior for a velocidade que seu cliente puder ter o produto em mãos, maior será o diferencial de sua empresa perante os concorrentes. Isso vale para qualquer tipo de produto ou de serviço. Por exemplo: vamos supor que você esteja desenvolvendo um trabalho no seu PC e precisa de um software para conclui-lo. O que você prefere? Ir até uma loja de informática para comprar um CD com o software, para depois levar para casa para instalar? Ou você prefere comprar em uma loja virtual, sem sair da sua cadeira, baixar o software e usá-lo imediatamente? Esse é o poder da pronta entrega.

Mesmo quando não existir a necessidade da entrega imediata do produto ou serviço, se você o fizer, será um grande atrativo para o seu negócio. Posso dar o exemplo da minha própria empresa, a TSKF Kung Fu. Para o aluno treinar em nossa escola ele vai precisar de um uniforme. Na maioria das escolas, o normal é o aluno começar a treinar sem uniforme, até que seu Mestre consiga um para ele. A maior parte das academias não tem a vestimenta para pronta entrega. Com mais de vinte anos de existência, em nossa escola nunca aconteceu isso, não houve um único caso em que o aluno tivesse que começar as aulas sem o uniforme. Sempre temos o produto para entregar no momento em que o cliente começa sua prática. Embora o uniforme seja de uso obrigatório em nossa escola, não é algo que sem ele uma pessoa não consiga treinar, mas, fazemos questão de dar a vestimenta ao aluno já na sua primeira aula, mesmo porque, se não o fizéssemos, estaríamos descumprindo nossa primeira regra, afinal, não haveria sentido a academia impor a obrigatoriedade do uso do uniforme e não o ter para oferecer ao aluno; naturalmente minhas academias não seriam o sucesso que são, se eu agisse de maneira leviana. Parece que não, mas, isso faz uma grande diferença. Já houve casos em que o cliente nos contou que desistiu de sua academia anterior porque depois de dois meses seu professor ainda não tinha lhe entregado o uniforme pelo qual ele já havia pagado.

Em se tratando de entrega de produtos ou serviços, devemos, no mínimo, combinar com o cliente o dia exato da entrega e cumprir com o prazo. Quando isso não for possível, devemos dar uma previsão máxima da data de entrega e fornecer uma ferramenta para que o cliente possa acompanhar passo a passo como está o processo de entrega. Com esse acompanhamento o cliente ficará tranquilo, pois, saberá o caminho que seu produto está fazendo, como, por exemplo, em que ponto está e quando irá chegar. Dessa maneira ele terá condições até de se programar para receber o produto ou o pessoal que prestará o serviço.

A questão é muito simples, entre ter o produto ou serviço na hora ou esperar para tê-lo no outro dia o cliente sempre preferirá recebê-lo imediatamente, portanto, esse é um diferencial que não pode ser desprezado caso você queira se tornar bem-sucedido nos negócios.

Entregue mais que o esperado

O que diferencia um homem bem-sucedido de um medíocre em qualquer esfera da vida é sua capacidade de entregar mais do que o esperado. O que eu acabei de dizer pode parecer um tanto duro, porém, a realidade, é que ninguém jamais se destacará, em qualquer área, fazendo somente o básico.

Entregar ou fazer somente o mínimo é típico de empresários, trabalhadores e pessoas comuns. Por fazer o básico a única coisa que essas pessoas receberão será sempre o mínimo.

Para mostrar a importância de se entregar mais do que o esperado, darei como exemplo a trajetória dos celulares. Talvez a maioria de vocês não tivesse nem nascido quando apareceram os primeiros celulares. Eles eram apenas um telefone sem fio. No máximo vinha com uma agenda para cadastrarmos os contatos e mais nada. Com o intuito de vencer os concorrentes, o que fizeram os fabricantes? Simplesmente, começaram a entregar mais do que o cliente estava esperando. Assim, começaram a surgir celulares com calculadoras, depois, com câmeras fotográficas, filmadoras, agendas de compromissos, blocos de notas e, finalmente, com internet, o que possibilitou a todos nós infinitos recursos. Hoje, os celulares são computadores de última geração. A maioria das pessoas que têm um celular hoje em dia não usa nem 10% dos recursos disponíveis nos aparelhos, de tão modernos e eficazes que eles se tornaram.

Sei que esse é um exemplo extremo, entretanto, fazer ou entregar mais do que o esperado é uma prática que pode ser empregada em quase tudo. Por exemplo, se você leu os capítulos anteriores, vai se lembrar do exemplo que dei referente ao meu apartamento, quando mencionei sobre o atendimento ao cliente. Como todos sabem, quando recebemos um apartamento novo, parte do processo, antes de mudarmos, é fazer uma reforma para que ele fique do jeito que queremos. Assim, quando recebi as chaves do meu apartamento procurei alguns profissionais e fiz alguns orçamentos. Os dois primeiros profissionais vieram até o local e depois de um ou dois dias me deram um orçamento pelo telefone e me disseram que terminariam o serviço em quinze dias. O terceiro, entretanto, me pediu uma semana apenas para fazer o orçamento, então, eu disse que estava com pressa e gostaria de mudar em, no máximo, um mês, mas, aceitei e resolvi esperar. Quando o orçamento do terceiro profissional ficou pronto, ele me ligou e marcamos um encontro. Conversa vai conversa vem, ele me entregou uma pastinha com o orçamento, na qual ele descrevia com detalhes como seria o processo de reforma. Nesse documento, que tive que assinar, o engenheiro reportava que tudo que eu precisasse comprar para a reforma, antes, seriam feitos três orçamentos para que pudesse escolher. Porém, antes disso, ele sugeriu que eu procurasse um arquiteto, caso contrário, poderia haver muito retrabalho, já que os arquitetos gostam de mudar as coisas. Eu não conhecia nenhum arquiteto, então, ele me indicou uma profissional que era sua amiga. Não preciso dizer que isso fez com que eu esperasse, pelo menos, mais uma semana, já que eu teria que aguardar o orçamento da arquiteta antes de ele poder começar a obra. De posse tanto do orçamento do engenheiro, quanto da arquiteta, resolvi esquecer os anteriores e aceitar sua proposta, mesmo sendo essa mais cara. E o profissional contratado ainda me avisou que a obra demoraria uns seis meses. Ele me passou confiança ao me explicar as implicações envolvidas num projeto como aquele.

Tal como descrito no orçamento do engenheiro, toda semana ele me mandava, via e-mail, as planilhas para eu poder acompanhar o andamento da obra. Essas planilhas me informavam como estava indo a obra, quanto eu já havia pago e quanto eu ainda teria que pagar referente ao que havia sido comprado a prazo e, também, as datas que eu teria que fazer os próximos pagamentos. Conforme o combinado, ele também me encaminhava os três orçamentos do material que eu precisava comprar para que eu pudesse aprovar. Durante esse mesmo período, a arquiteta trabalhava junto com ele, dando seus palpites e, é claro, comprando junto com minha esposa os objetos que ela achava que seria melhor para o apartamento. Devo dizer que a maioria das coisas que ela escolhia era diferente do que eu queria, mas, resolvi aceitar porque ela era uma profissional e sabia o que estava fazendo. No final, ela tinha razão, o apartamento ficou maravilhoso e meu imóvel acabou saindo na revista Casa Claudia e no Jornal Estado de São Paulo.

No final da obra, Rodrigo Koshikene, engenheiro e proprietário da KOI Engenharia, que foi o responsável pelo projeto, me entregou uma pasta muito bem-feita contendo os manuais de todos os equipamentos instalados no apartamento; todos os orçamentos; todas as notas fiscais e os demais documentos que foram emitidos. Entregar mais do que o esperado é isso. É o que chamei de diligência no capítulo que falei sobre ser um bom juiz de caráter. É o que podemos chamar também de excelência.

Minha empresa, a TSKF, ensina Kung Fu, porém, entregamos muito mais do que isso. Além das aulas de Kung Fu, nós desenvolvemos um sistema de treinamento à distância que permite que nossos alunos possam rever, em sua própria casa, através da internet, toda a matéria que aprenderam. Somos a única escola no mundo que dispõem desse recurso. Achamos importante que nossos alunos participem de campeonatos, assim, a TSKF passou a organizar, anualmente, um campeonato, que acabou se tornando o maior campeonato da América Latina e uma referência para todos os demais. O treinamento de Kung Fu é uma coisa prática, porém, achamos também necessário um pouco de teoria, por conta disso lançamos três livros sobre o assunto e mais quatro sobre outros temas, que julgamos importantes para os nossos alunos. Além disso, todo ano levamos nossos alunos para competir nos Estados Unidos e em outros países, como, Alemanha, Cingapura, Argentina etc. e sempre patrocinamos essas viagens para alguns deles. Tudo isso acontece para entregar mais que o esperado.

Entregar mais do que o esperado não está somente relacionado a produtos e serviços, mas, também, com a família, com o trabalho e em todos os tipos de relacionamentos. Experimente não entregar mais do que o esperado para seu companheiro ou companheira, para seus filhos, para sua namorada ou namorado. Agindo dessa maneira, cedo ou tarde, você não terá mais que se preocupar com isso, porque não haverá mais ninguém ao seu lado, nem mesmo para você entregar o básico. Portanto, entregue sempre mais do que o esperado e continue sempre tendo a quem entregar.

Implemente o pós-venda

Não existe nada pior do que adquirirmos um produto ou contratarmos um serviço e na hora de usar perceber que não funciona.

É frustrante quando alguém faz um reparo em nossa casa e depois que o prestador de serviço vai embora percebemos que o problema não foi solucionado.

Obviamente que dependendo do tipo de produto que vendemos é praticamente impossível implementar o pós-venda. Ninguém em sã consciência gastaria uma fortuna contratando um monte de gente para ligar para as pessoas perguntando se estão satisfeitos com os palitos de dentes que compraram.

Uma coisa é contratarmos pessoas para perguntar se os clientes estão satisfeitos com seus palitos de dentes, outra bem diferente é ligarmos perguntando aos clientes se estão contentes com os carros que adquiriram. No caso dos palitos de dentes não faria muito sentido, porém, sobre a aquisição de um veículo seria praticamente uma obrigação.

Em se tratando de prestação de serviços o pós-venda pode ser implementado para praticamente todos os tipos serviços.

O pós-venda pode ser o diferencial que fará com que o cliente permaneça comprando ou contratando os serviços da mesma empresa, além disso, o pós-venda pode ser considerado como se a empresa estivesse entregando mais do que o esperado, já que são poucas empresas que fazem isso.

Sobre ser orientado ao cliente

O lucro nunca foi nem nunca será a razão da existência de uma empresa, muito pelo contrário, normalmente, as empresas são concebidas para ajudar as pessoas. Em consequência disso, quanto mais pessoas uma companhia conseguir ajudar, maior será seu lucro. Isso ocorre quando colocamos nosso propósito máximo na felicidade do próximo, quando fazemos isso, evoluímos em todos os sentidos, não apenas na direção material, como, também, no campo pessoal.

O cliente é a razão das empresas existirem. Não faria sentido algum, haver empresários se não tivessem clientes, as empresas estão aí para atender alguém e se elas forem bem administradas, proporcionarão ao cliente o melhor, portanto, montar uma empresa e não tratar bem os clientes é abominável.

Muitas companhias, talvez, por pura ignorância de seus donos, ainda não colocam seus clientes em primeiro lugar; o que ocorre é que não há como vermos sentido em oferecer produtos ou serviços a alguém e não dar o devido valor à pessoa que vai adquiri-los ou contratá-los; se negligenciarmos sequer um dos itens descritos acima, nós estaremos tratando nosso negócio de modo vil, ou seja, não estaremos dando a importância que a nossa empresa merece. Agindo assim só teremos dois resultados: nossa empresa entrará em valência e nosso valor como ser humano irá por água abaixo, não só por nos sentirmos derrotados, mas, porque não tratamos as pessoas como elas merecem ser tratadas.

A relação com o seu cliente deve ser respeitosa e agradável, somente assim você conseguirá conquistar uma clientela fiel, que, muitas vezes, trará novos clientes para a sua empresa, por isso a relevância de se ater às regras que aperfeiçoam esse relacionamento, para que ele seja mais saudável e produtivo.

Entregar mais do que o esperado, desenvolver a pronta entrega, dar atenção ao pós-venda etc., são só algumas normas básicas, mas, se você não der atenção a elas, dificilmente seu negócio prosperará.

Se você quiser ser bem-sucedido no mundo dos negócios lembre-se sempre dessa máxima: "O cliente só não é Deus porque não sabe perdoar".

Seja focado no Seu Negócio

O foco é o mecanismo que permite que o nosso cérebro passe a enxergar todas as coisas que tenham relação com aquilo que desejamos.

Talvez você já tenha escutado uma frase que diz que quando queremos uma coisa o universo inteiro conspira a nosso favor. Na verdade, o que acontece é que quando desejamos algo nosso cérebro fica mais sensível a tudo que tenha relação com o aquilo que queremos.

Por exemplo, vamos supor que você decida comprar um carro de certa marca, cor e modelo. A partir desse desejo, automaticamente, você começa a ver muito mais carros tal como você almejou, não é verdade? Pois é, esse é o poder do foco e, é sobre isso que vamos falar neste capítulo.

Tenha um propósito único

O propósito de uma empresa deve ser definido mesmo antes de sua fundação, é o alicerce sobre o qual será lançada a pedra fundamental da empresa. É o que servirá de apoio nos momentos mais difíceis. As decisões de uma companhia devem ser tomadas com base no propósito previamente definido. Supondo que o propósito de uma empresa seja ensinar Kung Fu como é o caso da minha escola, ela não deveria, por exemplo, ensinar Karatê ou Judô, além disso, qualquer decisão que precisarmos tomar terão que ser baseadas no nosso propósito definido que é ensinar Kung Fu.

Não pode haver erro na definição do propósito de uma empresa. São eles, os desígnios, que garantirão que a companhia caminhe em direção ao rumo certo. Definir o propósito errado para uma organização é como introduzir dados de rota equivocados no controle de voo de uma aeronave, ou seja, isso somente fará com que ela chegue mais rápido no lugar errado. Nem o esforço dos melhores funcionários do mundo garantirá o sucesso de um negócio caso seu propósito tenha sido definido erroneamente.

Sem um propósito claramente determinado não conseguiremos manter o foco por muito tempo. E, é claro, sem focar naquilo que é realmente relevante jamais chegaremos onde desejamos. Focar é concentrar todas as nossas energias em um único ponto, no caso de uma organização significa concentrar todas as nossas energias no objeto mais importante da companhia que é o seu propósito ou missão. Sem um propósito é impossível manter nossa motivação, muito menos motivar as demais pessoas.

Torne-se obstinado

Um homem de negócio dever ser obstinado. A obstinação é a busca implacável de um propósito, objetivo ou missão. Para tornar-se obstinados os homens de negócios devem tomar a decisão de se concentrar em apenas um único propósito. Para uma pessoa obstinada todo o restante deve ser secundário, exceto o que possa fazer sinergia com seu propósito, objetivo ou missão.

A obstinação é importante porque a vida nos apresenta muitas distrações, algumas boas e outras ruins. Algumas podem ajudá-lo a permanecer no caminho escolhido, outras podem empurrá-lo para fora dele. Ter um único propósito o ajudará a manter o foco e permanecer na trilha. O sucesso, em qualquer empreitada, requer um propósito único; atenção ao detalhe e concentração total. Um homem de negócio deve estar focado no que quer e onde deseja chegar e, para isso, deve fazer o necessário e tudo que estiver ao seu alcance para conseguir alcançar seu objetivo.

Um empreendedor não pode permitir que sua empresa perca o foco de seu objetivo principal, desviando o negócio para atividades secundárias que possam drenar a energia da empresa, perdendo, assim, um tempo valioso sem produzir resultados tangíveis. O empresário deve garantir que atividades estranhas não desviem seus funcionários da rota. Homens de negócios comunicam sua obstinação por meio de sua maneira de agir, falar e pelas perguntas que faz.

Mudar constantemente o objetivo de uma empresa é a maneira mais eficaz para leva-lo ao fracasso. É o mesmo que atirar em revoada de pombos, acaba não acertando em nenhum.

A chave para manter-se motivado é permanecer focado no seu propósito, objetivo ou missão. Quanto mais focado permanecemos no nosso propósito, mais clareza e compreensão nós teremos para realizá-lo. Quando nos concentramos em um tópico específico, nossa atenção faz com que esse objeto cresça em nossa mente. Quanto mais um assunto se expande em nossa mente, mais instigados nos tornamos a aprofundar-nos no tema e quanto mais fundo cavamos, mais expostos ficamos a novos insights, ideias e conhecimentos que se relacionam diretamente com nosso propósito, objetivo ou missão. Quanto mais aprendemos, mais conexões nós seremos capazes de fazer. Começaremos a construir sobre o conhecimento que já temos. Eventualmente, teremos todos os ingredientes de um plano ou conceito que apoia a realização do nosso propósito, objetivo ou missão.

Podemos dizer que ter um propósito único nos ajuda a manter tanto o nosso foco quanto o do nosso pessoal, removendo as distrações, motivando, inspirando e aumentando a produtividade, permitindo que possamos realizar mais em menos tempo. Esse é o poder da unidade entre propósito e obstinação.

Sobre ser focado no negócio

Certa vez, assisti a um documentário sobre Einstein. O que me deixou mais impressionado foi o foco que ele tinha em seu propósito, nada o fazia desviar-se de seu objetivo. Ele tinha tão bem definida a sua missão, que todo o movimento do seu corpo e de sua mente era voltado para isso. Temos muitos exemplos de pessoas bem-sucedidas e, ao analisarmos o que elas fazem para ter sucesso, observaremos que o ponto em comum é que todas têm um propósito firmemente estabelecido. Tenho certeza de que nenhuma dessas pessoas de sucesso começa uma coisa aqui, não termina e já parte para outra ou, então, monta um negócio com um objetivo e, de repente, introduz outras atividades no meio do caminho.

O principal ponto para que um negócio seja bem-sucedido é a afirmação de seu propósito. A que veio? Para que serve? O que pretende oferecer? Que rumo minha empresa vai tomar? Homens de negócios devem, obrigatoriamente, ter resposta para todas essas perguntas, ele precisa ter tudo isso bem claro em sua mente para que consiga passar aos seus empregados e tocar sua empresa de maneira harmoniosa e profícua.

É motivador quando temos um desejo em nossos corações e trabalhamos intensamente para que ele se realize, por isso é fundamental estabelecermos o propósito de nossa empresa para corrermos atrás do sucesso com foco e vigor.

Quando não temos um propósito claro e bem definido, nossa motivação, entusiasmo, confiança, dedicação, persistência, disciplina e saúde diminuem. Nossa alegria de viver é substituída pela mera sobrevivência, passamos da alegria para a inércia, daí para a depressão, por fim ao desespero.

Seja Conhecido no Mercado

Sua empresa e seus produtos podem ser os melhores do mercado; você pode ser o perfeito empreendedor, porém, se ninguém souber que sua empresa, seus produtos ou você existem, naturalmente, ninguém o procurará. Não é à toa que se diz por aí que a propaganda é a alma do negócio.

Para se tornar verdadeiramente bem-sucedido, um empreendedor deve ser capaz de fazer com que sua empresa, sua marca, seus produtos e ele próprio sejam conhecidos no mercado, principalmente por sua boa reputação.

Existem infinitas maneiras de nos tornarmos conhecidos e, como empresários, devemos ser capazes de descobrir qual o melhor tipo de divulgação para a nossa empresa. Muitas vezes, um tipo de propaganda pode ser ótimo para uma empresa, mas, surtir pouco ou nenhum efeito para outra. Portanto, é muito importante adotar o melhor modelo de divulgação. Por exemplo, como vocês sabem, meu ramo é o Kung Fu, para divulgar minha empresa eu recorro a todo tipo de trabalho relacionado ao valor empírico de nossas academias. Não é somente a prática de Kung Fu que a TSKF oferece, nós proporcionamos a nossos clientes outras ações, como palestras, campeonatos, peças teatrais; publicamos livros sobre artes marciais e sobre diversos assuntos que, de certa forma, também estão ligados à prática do Kung Fu, enfim, todos esses produtos e serviços que oferecemos além do Kung Fu nos ajudam na divulgação da nossa empresa e diferenciam nossos serviços consolidando nossa marca e eternizando nosso nome no mercado. Nós somos a única academia de Kung Fu que faz esse tipo de trabalho e é por isso que transformamos nosso cliente comum em cliente defensor.

A intenção deste livro não é ensinar como se tornar conhecido no mercado, mas, sim, mostrar a importância desse processo para uma empresa, mesmo porque, existem empresas e profissionais especializados nessa área que farão esse trabalho muito melhor do que eu com o pouco que mostrarei aqui.

Construa sua reputação

Leva tempo para se construir uma profícua reputação. Isso ocorre porque uma boa imagem é o resultado da satisfação dos clientes no decorrer dos anos. Se por um lado construir uma boa reputação leva tempo, por outro, perdê-la é muito fácil, basta um pequeno deslize no atendimento aos clientes ou uma queda repentina na qualidade dos produtos que o nome de sua empresa pode ir ladeira abaixo, portanto, é primordial construir uma boa reputação desde os primeiros passos da empresa, colocando como prioridade o bom atendimento ao cliente e a excelência dos produtos e serviços. Podem-se levar anos para desfazer uma má reputação e transformá-la em uma imagem positiva.

Com o nome de sua empresa consolidado, o cliente acaba se transformando em uma das mais poderosas ferramentas de marketing; é a boa reputação que transforma um cliente comum em um cliente defensor, através da famosa "boca a boca". O cliente defensor é tão importante que deveríamos pagá-lo por propagar a excelência de nossos serviços e produtos, afinal, ele não vai difundir algo que não tenha gostado ou que tenha tido uma péssima experiência, ele é a prova viva de que nossos produtos ou serviços são da mais alta qualidade.

Solidificar a boa reputação de nossa empresa é o que pode eternizá-la. Muitas companhias passam de pai para filho, um dos fatores do sucesso de uma empresa familiar é a consolidação da boa qualidade do que se entrega ao cliente, ou seja, a empresa mantém o bom nível de seus produtos ou serviços e isso faz com a sua imagem seja sempre bem vista aos olhos do mercado. É impossível sustentar uma boa reputação sem oferecer excelência nos serviços ou produtos.

Construir um nome leva tempo, exige muito cuidado e preparo, é preciso ter um olhar mais detalhado, é necessário dar toda a atenção para o foco principal de nosso negócio, que é o cliente. É a nossa clientela que vai materializar a boa reputação de nossa empresa, é ela quem irá perpetuar o nosso nome, deixando-o no topo por muitos e muitos anos.

Desenvolva sua publicidade

Uma boa reputação é o que mantém sua empresa no mercado e o que fará dela um sucesso. Já, o que vai fazer sua empresa, sua marca e seus produtos e serviços ficarem conhecidos, para que sua boa reputação se perpetue, é a publicidade. A publicidade dará visibilidade à sua empresa. Sem ela, sua companhia, sua marca e seus produtos e serviços iniciarão um processo de desfalecimento e se tornarão desconhecidos, consequentemente, seus negócios definharão até desaparecerem por completo.

Se a publicidade não fosse importante, empresas como a Coca-Cola, McDonald´s e Microsoft deixariam de investir em propaganda, afinal de contas, elas já são gigantes conhecidas no mundo inteiro e, teoricamente, não precisariam mais ficar por aí divulgando seus produtos e serviços. Certamente, os gestores dessas empresas sabem que se não investirem em publicidade, cedo ou tarde, suas companhias deixarão de serem líderes do mercado. A publicidade sozinha não é o que mantém as companhias vivas, mas, seguramente, é um dos órgãos vitais que fazem com que elas sobrevivam e continuem bem, sempre fortes no mercado. Todos nós podemos sobreviver sem os rins, porém, nossa vida não seria tão boa quanto poderia ser com esses órgãos.

A propaganda é tão essencial que, muitas vezes, o investimento nessa área é exorbitante.

Toda empresa trabalha voltada para um determinado seguimento de mercado e para um público-alvo e o publicitário tem uma responsabilidade muito grande, pois, ele e sua equipe possuem a difícil tarefa de passar uma imagem positiva da empresa; não só isso, a equipe que cuida da publicidade precisa atrair um número cada vez maior de clientes, ou seja, eles têm que mostrar para o público que vale à pena investir nos seus serviços e produtos e para isso é necessário ter muita criatividade e estar plenamente atualizado sobre todos os assuntos ligados ou não aos produtos e serviços que a companhia oferece.

Normalmente, o departamento de publicidade pesquisa o público-alvo, levantando dados como: média de idade, condições socioeconômicas, escolaridade, costumes e hábitos de consumo, para, depois disso, escolher a abordagem e os meios de comunicação mais adequados à criação das campanhas de marketing da companhia. Baseado nesses dados o publicitário cria o melhor tipo de campanha para a empresa. Depois que a campanha é colocada no ar, a área avalia o impacto da propaganda sobre o consumidor.

Portanto, a publicidade coloca a maquiagem mais adequada à sua empresa antes de apresentar os produtos e serviços ao mercado, garantindo, assim, uma boa imagem para sua companhia junto ao público, naturalmente, isso vai aumentar suas vendas e fortalecer sua boa reputação, afinal de contas, a primeira impressão é a que fica.

Sabendo da importância da publicidade para sua empresa, você, como empreendedor, deve garantir que sua companhia tenha recursos para investir nessa área, pois, é fundamental que sua marca seja bem apresentada ao mercado. As pessoas precisam conhecer seus produtos ou serviços e não só isso, elas devem se sentir atraídas por aquilo que sua empresa oferece, para que isso aconteça, o investimento na publicidade é indispensável.

Dizer ao público que você tem tais e tais produtos ou serviços não é suficiente, isso você mesmo pode fazer, o que os clientes querem é olhar para algo especial, algo em que eles possam confiar; eles querem alguma coisa que lhes proporcione a qualidade que esperam e não há nada mais eficiente para dar ao cliente o que ele quer do que uma boa propaganda.

Não podemos esquecer que mostrar algo atrativo ao cliente através da publicidade não é o que vai manter sua empresa em pé; o que irá sustentar sua companhia no mercado são a qualidade de seus produtos ou serviços. Não adianta apresentar uma propaganda enganosa, dizendo que você oferece uma coisa e essa coisa é totalmente diferente do que você está mostrando na sua campanha, pois, uma hora a máscara vai cair e sua boa reputação vai por água abaixo. Se você quer ser um homem de negócios bem-sucedido você deve seguir os princípios apresentados no início deste livro, ou seja, você precisa ser honesto e ter um bom caráter.

Sua publicidade deve ser atraente sim, mas, antes de tudo, ela deve ser verdadeira.

Tenha sua assessoria de imprensa

Todo homem de negócios que deseja se tornar bem-sucedido deve dispor de uma assessoria de imprensa. A assessoria de imprensa é um instrumento importantíssimo, afinal, é ela que aproxima as empresas e seus gestores da mídia.

Uma vez conhecido pela imprensa, o homem de negócios pode fortalecer tanto sua boa reputação quanto a de sua companhia e, até mesmo, pode recuperar sua imagem, caso tenha tido problemas com isso. Muitas vezes, o público pode ter uma ideia distorcida sobre uma organização, assim sendo, o empreendedor tendo acesso à imprensa poderá desfazer essa distorção transmitindo a informação correta ou desejada.

A assessoria de imprensa proporciona ao empresário, relações sólidas com os meios de comunicação. Esse relacionamento é bom para os negócios, pois a imprensa pode passar a procurá-lo sempre que necessitar de informações consistentes e confiáveis a respeito de um determinado assunto, fazendo, assim, com que sua organização se torne referência junto à opinião pública.

Além disso, uma boa assessoria de imprensa pode criar um ambiente propício para que a mídia cubra o lançamento de algum produto ou serviço novo, gerando, assim, condições para que o gestor possa transmitir ao público, da maneira mais adequada, todas as informações referentes à sua empresa e ao que ela oferece ao mercado.

Outra função importante da assessoria de imprensa é capacitar tanto o homem de negócios quanto seus funcionários a entender e a lidar com a imprensa, principalmente diante de situações adversas em que uma má comunicação pode comprometer a reputação e a imagem da companhia.

Assim como o investimento em publicidade, procurar ter uma assessoria de imprensa vai facilitar, e muito, a subida de seus negócios ao topo. É fundamental dar atenção a isso, para que o sucesso de sua empresa seja certo.

Sobre ser conhecido no mercado

Cada passo exposto neste capítulo é vital para que você e sua empresa sejam conhecidos no mercado.

Código de Conduta Para Ser Bem-Sucedido nos Negócios

Naturalmente, não basta apenas ser conhecido pelo público, mas, sim, ter notoriedade; devemos ser populares, isso é o resultado do sucesso. O cliente só vai procurar sua empresa se ela "crescer e aparecer", como dizem por aí. Por essa razão é que o empreendedor que quer ser bem-sucedido deve seguir cada etapa do processo para se tornar notório no mercado; não é recomendável pular fases ou deixar de investir numa área que seja primordial para mostrar a cara da sua empresa ao público.

Se você deseja assinalar que seus produtos ou serviços são melhores do que os da concorrência, como empreendedor, você deve preocupar-se com cada detalhe para ser conhecido de um modo marcante. Ou seja, você precisa dizer ao seu cliente, de alguma maneira, que o seu produto ou serviço é o mais apropriado para ele. É por esse motivo que se preocupar em construir uma boa reputação; ter um bom profissional da área publicitária e investir em uma boa assessoria de imprensa são fatores fundamentais para expor ao mercado uma imagem sólida e atraente.

Não é à toa que resolvi escrever este Código de Conduta, as regras que coloco neste livro são baseadas na minha própria experiência, como vocês sabem, eu saí do nada, hoje tenho 18 academias, sou conhecido no Brasil todo e em vários países e ainda me tornei palestrante e escritor e não foi por acaso que cheguei até aqui. Hoje eu sei o valor de cada procedimento para consolidar uma marca e manter minha empresa no topo, dentro da minha área.

Seja Sempre Preparado

O mundo dos negócios é como um campo de batalha, o empreendedor mais bem preparado vence. O empresário que atender os anseios de seus clientes mais rapidamente será o que mais cedo se tornará bem-sucedido.

A oportunidade é um bicho cabeludo na frente e careca atrás, é por isso que, como empresários, temos que aproveitá-las quando elas aparecem, caso contrário, se não as agarrarmos com todas as nossas forças, elas passarão e, pior que isso, elas não vão voltar. O empreendedor deve estar preparado para as oportunidades, ou seja, como homens de negócios devemos excluir de nossas vidas a falta de confiança, o medo de assumir riscos e a mente fraca, pois, essas reações nos paralisam e nos impedem de agir, levando-nos ao fracasso.

O princípio básico para atingir o sucesso é gerar novas necessidades e, em seguida, satisfazê-las ou, então, fornecer bens e serviços que já sejam efetivamente necessários. Steve Jobs disse: "As pessoas não sabem o que querem até que você mostre a elas". Parece complicado, mas, não é. O homem de negócios deve manter os olhos sempre bem abertos para enxergar as oportunidades, assim, ele poderá oferecer ao mercado algo que seja totalmente novo aos olhos do cliente. Muitas vezes, o momento propício para alavancarmos nosso negócio está bem na nossa frente, mas, nós não o vemos, é por isso que temos que estar preparados. Estar preparado é manter a mente aberta, é enfrentar nossos medos; é arriscar. Temos que ter confiança naquilo que nos propomos a fazer e essa confiança deve ser transmitida a nossa equipe, agindo dessa maneira nossos negócios crescerão e o lucro será garantido.

Agarre as oportunidades

Sabe por que a maioria das pessoas não consegue enxergar as oportunidades quando elas aparecem? É porque elas sempre surgem disfarçadas em terríveis problemas. Foi isso que eu quis dizer quando eu falei que as oportunidades são cabeludas na frente e carecas atrás, mas, nem tudo está perdido, pois, quando as capturamos e olhamos bem de pertinho elas são lindas donzelas.

Em 2004, eu estava aborrecido e cansado em levar meus alunos para competirem nos campeonatos de Kung Fu aqui no Brasil. Naquela época, os campeonatos eram péssimos. A cada evento perdíamos muitos alunos, pois, quando eles retornavam dos campeonatos, reclamavam muito da organização. As competições começavam com mais de três horas de atraso; vários alunos esperavam o dia inteiro para competir e, muitas vezes, no final do dia, eles ainda não eram chamados, pois, por alguma razão, suas inscrições não eram registradas.

Tudo naquela época era muito ruim. Era impossível usar os banheiros dos ginásios, pareciam lagos de urina, além disso, não tinha papel higiênico e tudo mais. Os árbitros eram despreparados e não sabiam arbitrar, por isso, muitas vezes, as vitórias eram concedidas aos atletas errados. Houve campeonatos em que o ginásio era tão pequeno que muitos dos competidores tinham que esperar do lado de fora até serem chamados para competir. Enfim, eu ia para casa revoltado, reclamando de tudo, eu não me conformava.

Nesse mesmo ano, tomei a decisão de levar meus alunos para competir nos Estados Unidos na cidade de Baltimore. Antes mesmo de chegar lá, notei uma grande diferença, pois, as inscrições para participar do evento eram feitas pela internet e a competição era realizada dentro de um hotel cinco estrelas, ou seja, muito diferente dos campeonatos daqui. Durante o evento, a organização era impecável, muito distante do que vemos aqui no Brasil. Nossa ida à Baltimore acabou sendo um final de semana incrível no qual pude aprender muitas coisas em termos de organização de campeonato.

De volta ao Brasil, resolvi que nunca mais reclamaria dos eventos daqui, ao invés disso eu mesmo organizaria um campeonato e mostraria a todos como deveria ser feito. Organizar um campeonato de Kung Fu é uma coisa para maluco. Dá muito trabalho e é muito complexo, porém, como eu fui Analista de Sistemas por muitos anos, decidi desenvolver um sistema para gerenciar todas as etapas de um campeonato, desde a inscrição dos atletas até os resultados finais, foi assim que nasceu o GOC Sistema Gerenciador de Campeonatos. Ainda não existe outro sistema capaz de fazer o que esse faz.

Em 2007, organizamos o *Brazil International Kung Fu Championship Tournament*, o primeiro campeonato totalmente informatizado. Em 2011, nosso campeonato se tornou o maior da América Latina, dentro da categoria. Mais de 3.000 inscrições foram feitas nesse ano e o campeonato foi realizado em apenas sete horas. Esse campeonato acabou se tornando uma referência em termos de competições e, por causa disso, de lá para cá, todos os demais também melhoraram.

O que parecia um grande problema com aqueles campeonatos mal organizados, na verdade era uma grande oportunidade disfarçada e nós, da TSKF, soubemos aproveitá-la. Depois disso nossa escola ficou conhecida no Brasil inteiro e em vários países.

Eu poderia simplesmente continuar reclamando e não me mexer para mudar a situação, mas, assistindo ao desastre que eram os campeonatos brasileiros e comparando com o que vi em Baltimore, enxerguei a tal oportunidade. Oportunidade de parar de me queixar e mostrar como um campeonato deve ser organizado e, de quebra, naturalmente, a TSKF saiu no lucro, pois, nosso nome ficou mais conhecido. Nossos alunos demonstravam grande interesse em participar de nossos campeonatos, eles saiam das competições felizes da vida, pois, eram reconhecidos como deveriam ser, ou seja, eram julgados por árbitros mais preparados e tinham uma estrutura bem organizada e limpa.

Tudo aconteceu como deveria ser; a oportunidade de organizar um campeonato de excelência surgiu bem na minha frente e eu estava preparado para agarrá-la. São essas coisas que não podemos deixar passar, não devemos nos acomodar, por pior que esteja a situação, talvez, aí, exista uma chance que vai levar você rumo ao sucesso.

Gere novas necessidades

Muitas vezes, as pessoas não conseguem vislumbrar que precisam de determinado produto ou serviço, cabe a você, empresário, mostrar a elas que é exatamente aquilo que elas necessitam, em outras palavras, é oferecer-lhes o novo.

Ser o pioneiro não é uma coisa muito simples, no começo você pode sofrer muitas críticas e, até mesmo, ameaças, isso até o público perceber que é, justamente, daquilo que você está oferecendo que elas carecem.

Costumo dizer que o Kung Fu será para quem o procurar aquilo que essa pessoa deseja que ele seja. Quando fundei a TSKF eu defini que não ensinaríamos luta, ao contrário disso, resolvi que usaria o Kung Fu como uma ferramenta de desenvolvimento humano. Eu acreditava, e acredito ainda, que todo mundo gosta de luta até tomar o primeiro soco na cara. Eu estava convicto de que muitas pessoas prefeririam praticar uma arte marcial, desde que não precisassem lutar, ao invés de puxar ferro em uma academia regular.

Não demorou muito até que as demais escolas de Kung Fu descobrissem que nossa escola não ensinava luta; com essa informação em mãos essas academias começaram a denegrir nossa imagem na internet, espalhando, aos quatro ventos, que éramos picaretas. Por conta disso, participei de discussões acaloradas no antigo Orkut e, posteriormente, no Facebook. Com o tempo, a TSKF se tornou a maior escola de Kung Fu da América Latina, mesmo não praticando luta e, atualmente, restam somente alguns gatos pingados que ainda continuam batendo o pé e dizendo que somos charlatães.

No ano de 2010 lançamos na internet o STD - Sistema de Treinamento à Distância e as críticas contra a nossa academia explodiram novamente. A turma da velha guarda ficou indignada: "Onde já se viu ensinar Kung Fu por vídeos? ". Para eles, isso era impossível e inadmissível. Alguns chegaram a dizer que eu era ganancioso. Depois, acabaram descobrindo que nosso treinamento à distância é gratuito.

Hoje, somos a única escola de Kung Fu do mundo que tem toda a matéria que é ensinada em nossas unidades gravada na internet, para que qualquer pessoa possa baixar os vídeos e aprender, relembrar ou tirar dúvidas. Contamos, hoje, com mais de vinte mil pessoas cadastradas no STD e, quando acontece, por alguma razão, de o sistema ficar fora do ar, muita gente reclama. Essas pessoas não precisavam de um sistema que ensinasse Kung Fu à distância até que colocamos o STD no ar. Agora, virou uma necessidade, ou seja, nós mostramos ao cliente uma inovação, demos a eles algo que eles nem imaginavam que lhes seria útil como foi na ocasião do lançamento do sistema e está sendo até hoje. Gerar novas necessidades é isso. É dar ao cliente produtos ou serviços inovadores, é oferecer-lhes algo que faça a diferença na vida deles, que eles passem a não mais viver sem aquilo.

Sobre estar sempre preparado

Como homens de negócios devemos sempre estar de olhos bem abertos, o mundo gira, as coisas estão acontecendo muito rapidamente; tudo é instantâneo, tudo é imediato. Nesse sentido, o empresário não pode ficar parado. Motivar é dar motivos e motivo é aquilo que move, que serve para mover, que é movente ou que é motor, ou seja, nós, homens de negócios, não podemos nos deixar paralisar, precisamos estar atentos aos acontecimentos, temos que estar prontos para as oportunidades. Montar um negócio não é só pensar em algum produto ou serviço e simplesmente colocar isso à venda; para criar uma empresa de verdade é indispensável que estejamos bem preparados, ou seja, que estejamos abertos a ideias, a novos conceitos, temos que estar aptos a aceitar as mudanças dos novos tempos.

O empreendedor não pode deixar o medo tomar conta de si, ele tem que ser forte e esperto para agir rapidamente e estar sempre um passo à frente da concorrência. Por essa razão, nós, empresários, devemos abrir a nossa mente para as oportunidades, é preciso que sejamos sagazes para agarrar uma chance que pode ser única e que, se a deixarmos passar, poderemos não a ter nunca mais em nossas mãos. É melhor nos arrependermos por ter feito alguma coisa, do que cultivar um arrependimento sobre aquilo que não fizemos. Esse é o pior remorso, o de não ter feito nada.

Agarrar as oportunidades é excitante, é como transformar a água em vinho; desenvolver essa capacidade de enxergar oportunidades em qualquer situação é quase uma dádiva, mas, não é restrita apenas a alguns, todos nós podemos educar a nossa mente para vislumbrar as ocasiões em que temos uma chance de agir, independentemente das circunstâncias.

Mestre Gabriel Amorim

Código de Conduta Para Ser Bem-Sucedido nos Negócios

Um homem de negócios tem que arriscar, ele precisa inventar, criar, gerar necessidades, tudo isso é estimulante e, é claro, mais do que motivador, é a chave que abre a porta para o sucesso. É certo que se tivermos um olhar minucioso para as oportunidades e para novas ideias, seremos empresários bem-sucedidos. Por outro lado, sem reestruturação, pioneirismo e constantes inovações, nenhuma companhia consegue permanecer fazendo sucesso ao longo de muitas gerações.

Seja um Promotor de Vendas

É muito comum escutarmos as pessoas dizerem que detestam vendas. Posso afirmar, sem sombra de dúvidas, que essas pessoas não sabem o que estão falando.

Quando uma garota vai ao cabeleireiro, coloca um salto alto e usa a roupa mais bonita para ir a um baile, o que você acha que ela está fazendo? Ela está colocando uma embalagem bonita no produto, porque ela quer se destacar e isso é natural. Em uma roda de amigos, vocês estão decidindo aonde ir após o trabalho, na sexta feira, à noite. Posso dizer que vocês aceitarão a sugestão daquele amigo que melhor vender a sua ideia.

As vendas estão presentes em praticamente tudo o que fazemos na vida, portanto, todo empresário, para ser bem-sucedido, deve ser capaz de fazer boas campanhas e boas promoções de vendas. Essas duas etapas são fundamentais para alavancar as vendas dos produtos ou serviços de sua empresa.

Campanha de vendas

A campanha de vendas é uma ótima ferramenta, ela serve, principalmente, para duas coisas, incentivar a equipe e, naturalmente, aumentar as vendas.

Para que uma campanha de vendas dê um bom resultado é necessário, como tudo na vida, que ela tenha um objetivo bem claro. Você precisa definir o que deseja com a sua campanha. Há muitos motivos para iniciá-la, incentivar seus vendedores e vender para novos clientes ou para um tipo específico de clientela como, por exemplo, clientes eventuais, regulares ou defensores, são só dois deles.

Toda campanha possui data de início e fim, caso contrário não pode ser chamada de campanha, o próprio nome já pressupõe isso. Portanto, nenhuma campanha deve acontecer por tempo indeterminado, pois, por motivos óbvios, ela se tornará obsoleta e irá perder sua função, que é a de incentivar.

Uma campanha não pode ser nem longa nem curta demais. Se for longa a equipe poderá desanimar no meio do caminho, se for curta demais é possível que o tempo para cumprir as metas e objetivos se dissipem e isso acabará desmotivando, também. O tempo de cada campanha deve estar de acordo com os objetivos e metas definidas para ela.

A maioria das pessoas não está disposta a fazer um esforço a mais por nada, assim, para que uma campanha de vendas seja bem-sucedida, o ideal é reunir as pessoas envolvidas e discutir com elas quais serão as premiações que elas receberão, expondo, também, todos os benefícios que tanto a companhia quanto a equipe terão caso os objetivos e metas sejam alcançados.

Em uma campanha você deve ser capaz de medir os resultados, caso contrário, sua equipe ficará decepcionada, afinal, as pessoas envolvidas irão querer conhecer os frutos de seu trabalho, portanto, estabeleça medições durante e no final da campanha. Você pode medir, por exemplo, quantidade de vendas concluídas; faturamento gerado; número de novos clientes conquistados; o número de clientes que estavam inativos e foram recuperados e assim por diante.

Ao final da campanha, reúna a equipe e comemore em grande estilo, apontando os resultados, agradecendo a todos; mostrando a importância desse trabalho específico e seus benefícios para o futuro da organização. Premie os campeões. Isso vai fazer com que sua equipe esteja sempre motivada para novas campanhas.

Promoções de vendas

A promoção de vendas é uma ferramenta que não exige grandes investimentos, portanto, está ao alcance de praticamente qualquer empresa, independentemente de seu porte.

A promoção de vendas é muito parecida com uma campanha de vendas. Seu objetivo também é o de ampliar as vendas por um tempo determinado, entretanto, as promoções estão mais voltadas ao consumidor. Como as campanhas, a promoção de vendas deve ter um tempo pré-determinado e não deve ocorrer de modo constante.

O importante numa promoção de vendas é que ela deve oferecer benefícios concretos ao consumidor, fazendo com que o cliente adquira os produtos ou serviços de nossa empresa, proporcionando à companhia, por aquele período, o aumento de seu faturamento. Outro benefício é que as promoções dão mais visibilidade à empresa, a companhia passa a ser mais conhecida pelos consumidores que podem se tornar clientes regulares.

Podemos atrelar nossas promoções de vendas a uma série de ações, como, por exemplo, oferecer descontos por ocasião do aniversário da empresa, dar vantagens ou descontos aos aniversariantes ou aos clientes que trouxerem amigos etc. Oferecer abatimentos para clientes que comprarem determinado tipo de produto ou, até mesmo, associar nossas promoções a atividades culturais tais como, teatro, cinema, shows, ofertando, por exemplo, ingressos gratuitos, são outras boas opções de promoção de vendas.

Naturalmente, nenhuma promoção de vendas será bem-sucedida se os clientes não tomarem conhecimento dela, portanto, a comunicação é o fator mais importante para o sucesso dessa ação, sendo assim, é importante promover suas ofertas através dos meios de comunicação disponíveis, principalmente através de sua assessoria de imprensa.

Sobre ser um promotor de vendas

Simples como escovar os dentes, tomar banho, pentear os cabelos e passar perfume para um encontro, assim é agir como um promotor de vendas. Você tem um produto ou um serviço e quer dar um *upgrade* nisso para alavancar suas vendas e aumentar o faturamento de sua empresa. É claro, que você tem a opção de não fazer nada. Sua empresa está lá, vendendo na média, com alguns clientes regulares e tudo bem. A questão é que, quando você faz uma campanha ou promove suas vendas, você fomenta seu negócio. De repente, por aquele período, sua empresa tem um crescimento considerável e, logicamente, isso é bom para todas as partes. Sua equipe fica mais motivada, sua empresa ganha lucros extras e você, como empresário, se sente satisfeito.

As campanhas e promoções de vendas são fundamentais para movimentar o seu negócio e, também, podem trazer benefícios estáveis, como, por exemplo, quando um cliente eventual se torna regular só por causa daquela oferta que sua empresa proporcionou a ele por aquele período.

Por essas razões é que o homem de negócios precisa estar preparado para realizar campanhas e promoções de vendas de seus produtos ou serviços. Como todas as outras etapas já citadas neste livro, essa também é essencial para o crescimento da sua empresa. Isso é o que faz um empresário ser arrojado. No mundo dos negócios não se pode ficar parado, para ser bem-sucedido é preciso provocar o mercado, é necessário virar os holofotes para os nossos produtos ou serviços, é urgente se desenvolver.

Seja Cauteloso Com as Finanças

Saber administrar suas finanças é tão importante que você só deve pensar em se tornar um homem de negócios quando for capaz de controlar seu próprio dinheiro.

Se você é do tipo de pessoa que estoura o limite de sua conta corrente ou costuma deixar seu cartão de crédito devedor, você não deve nem pensar em se tornar empresário, pois, se na sua vida você não é capaz de economizar ou poupar, como espera poder controlar as finanças de uma organização inteira?

Lembre-se, você somente terá habilidade de administrar muito dinheiro quando tiver competência de controlar pouco dinheiro. É preciso treinar essa habilidade para se tornar empresário; é necessário começar controlando primeiro suas finanças pessoais para depois poder cuidar do muito que sua empresa proporcionará, caso contrário, é falência na certa.

A atual Ex-Presidente Dilma Rousseff colocou o Brasil na sua mais profunda recessão, pois, não teve cautela com as finanças do País. Basicamente, a Ex-Presidente tratou o dinheiro público de maneira vã, quando emprestou, sem garantia, quantias exorbitantes a países que não nos ressarciram. Segundo a Ex-Presidente, assim como muitos brasileiros pensam, é bobagem ter um teto para gastos, podemos gastar o quanto quiser, sem limite, que sempre teremos mais quando precisarmos. Sou capaz de dizer que, talvez, no pensamento da Ex-Presidente Dilma Rousseff, quando precisássemos de mais dinheiro, bastaria imprimir mais moeda e pronto, tudo estaria resolvido.

As coisas não são bem assim, afinal, dinheiro não cai do céu, um empresário precisa ser capaz de controlar o crédito e administrar até o último centavo de suas receitas e despesas, se não for assim, ele poderá quebrar a empresa como fez a Ex-Presidente Dilma Rousseff com o Brasil.

Controle suas receitas

Como todos nós sabemos, a receita de uma companhia corresponde à quantidade de dinheiro que entra na empresa proveniente da venda de produtos ou da prestação de serviços. Para que o homem de negócios se torne bem-sucedido, ele tem que ser capaz de controlar cada centavo que entra em sua companhia, conhecendo sua procedência, como, por exemplo, quem são seus melhores clientes; quais produtos vendem mais, quais saem menos e quais não estão vendendo.

O empresário que não controla a procedência de suas receitas não tem como saber em quais clientes ou produtos ele pode investir seu tempo ou marketing. Ele não terá condições nem mesmo de substituir um produto ou serviço caso esse não seja mais atrativo para o público.

O empreendedor que não controla suas receitas não pode tomar decisões acertadas com relação a novos investimentos, ele fica de mãos atadas, pois, não consegue avaliar se sua empresa está crescendo ou se ela está se enfraquecendo cada vez mais.

Trabalhando sem previsão de recebimentos, o empresário poderá, também, tomar decisões erradas, principalmente com relação a novos investimentos ou aquisições, esse comportamento pode levar a organização a ter sérios problemas financeiros.

Não somente controlar as receitas, mas, também, aumentá-las é o princípio básico para todo homem de negócios que deseja se tornar bem-sucedido, afinal, a pessoa que não sabe lidar com o seu próprio dinheiro, não saberá conduzir as finanças de uma companhia, que é uma rotina muito mais complexa.

Controle suas despesas

Despesas são todos os gastos não relacionados diretamente com o processo produtivo dos bens ou serviços, enquanto que os custos estão diretamente ligados à produção de bens ou serviços.

Despesas fixas são aquelas cujo valor a ser pago não depende do volume dos negócios, enquanto que as variáveis são aquelas cujo valor está diretamente relacionado ao volume dos negócios, o mesmo vale para os custos.

Para que nos tornemos empresários bem-sucedidos devemos saber controlar tanto os custos da produção dos bens e serviços quanto as despesas, para que o nosso negócio se mantenha funcionando. Porém, nunca devemos reduzir custos em detrimento da qualidade dos nossos produtos ou serviços, já que isso colocaria em risco a reputação de nossa companhia.

O empresário deve ser vigilante quanto ao montante tolerável de despesas de sua companhia, controlando cada centavo que sai. Ao menor sinal de aumento acima do tolerável, o empreendedor deve imediatamente solucionar o problema, caso contrário, ele poderá esbarrar em dificuldades financeiras irreversíveis que afetarão o futuro de sua empresa.

O limite de gastos está diretamente relacionado com nosso faturamento, portanto, quanto menor for o faturamento menor deve ser o gasto. Isso não se aplica ao limite tolerável de gastos, esse último não deve ser ultrapassado mesmo que o faturamento tenha sido alto.

Toda empresa tem que estabelecer um teto limite para gastos, caso contrário, o empresário estará cometendo o mesmo erro que a Ex-Presidente Dilma Rousseff e todos nós já sabemos o resultado dessa atitude impensada, que é uma profunda recessão e desespero.

Quando não controlamos os custos e despesas, corremos um grave risco de nos tornarmos corruptos, nos envolvendo com desvio de dinheiro, situação muito comum, também, durante o governo da Ex-Presidente Dilma Rousseff.

Em se tratando de controlar despesas é sempre bom nos lembrarmos de um velho provérbio árabe que diz "Confie em Deus, mas, amarre o seu camelo".

Cobre seus devedores

Tão importante quanto controlar nossas receitas e despesas é receber de nossos clientes, afinal, sem isso, o desequilíbrio financeiro é certo. De nada adianta conseguirmos um grande volume de negócios e depois termos dificuldades para receber.

Independentemente do pagamento de nossos clientes, nossos credores não podem esperar.

O empresário deve ter habilidade de desenvolver mecanismos que possam avaliar os clientes antes de vender a crédito, minimizando, assim, os riscos de não receber. Além disso, ele deve ter apoios legais como, por exemplo, fiadores, contratos, seguros, etc. Instrumentos esses que facilitam receber dos inadimplentes.

Uma empresa pode ter sérios problemas financeiros caso possua muitos clientes inadimplentes. Portanto, controlar os créditos é fundamental para a saúde financeira de sua organização.

Aumente seus lucros

Ao longo do tempo, o povo brasileiro foi doutrinado a acreditar que os empresários são mercenários e que exploram o pobre para obter lucro. Tanto pela doutrinação quanto pela própria raiz da palavra "lucro", a maioria da população passou a odiar os empresários e a acreditar que obter lucro é pecado.

Segundo o Dicionário Etimológico, a palavra "lucro" vem do *latim lucrum*, que significa "ganho, vantagem". Na sociedade romana, ao contrário do que aconteceria, depois, durante o Cristianismo, o lucro era visto como um ganho legítimo que se auferia com uma atividade econômica bem-sucedida. Em Pompéia, sob as cinzas e lava do vulcão Vesúvio, foi encontrada, uma casa que trazia escrita em seu portal a expressão "Salve, lucrum!" ("Bem-vindo, lucro!"), enquanto o mosaico do assoalho formava a frase "Lucrum gaudium!" ("O lucro é alegria!").

No entanto, os antigos já entendiam o lado perverso do lucro, como se vê pelo velho provérbio "Lucrum unius est alterius damnum", ou seja, "O lucro de um é o prejuízo de outro". A doutrina cristã, ao associar o lucro à usura, prática que sempre condenou, apagou a distinção entre lucro legítimo e ilegítimo, dando ao vocábulo uma carga pejorativa que só hoje, aos poucos, começa a se dissipar. Ocorre que desse mesmo radical nosso idioma formou também a palavra logro, que tinha inicialmente o mesmo significado de "ganho, vantagem", mas, hoje, significa "trapaça, enganação". Já, na maioria dos países de língua inglesa a palavra usada para representar o lucro é "Profit", que significa "proeficiency", em português, pró-eficiência, que tem o significado de executar alguma coisa com a habilidade de um profissional. Isso representa, portanto, que, ao contrário do que a maioria das pessoas pensa, o lucro não é um pecado, nem muito menos uma coisa ruim, mas, sim, o justo pagamento por um trabalho bem feito, executado por um profissional qualificado.

Existem muitas maneiras de aumentar os lucros, como, por exemplo, fazer campanhas ou promoções de vendas, como está exposto no capítulo anterior, ou, então, diminuir as despesas e reduzir os custos e assim por diante.

Todos esses mecanismos são importantes, entretanto, como o próprio termo "Profit" sugere, o mais relevante, quando desejamos aumentar os nossos lucros, é desenvolver produtos e prestar serviços profissionais de altíssima qualidade.

Fora isso, temos que administrar bem o nosso negócio, cumprindo todas as etapas, passo a passo, rumo ao crescimento, para que nossa empresa se torne cada vez maior, melhor, mais conhecida e, consequentemente, mais lucrativa.

Assim, diferentemente do que muitos pensam, o lucro é alegria, como já dizia o povo de Pompéia. Desse modo, tudo o que fizermos para aumentar nossos lucros é válido, desde que não comprometamos a qualidade de nossos produtos ou serviços e, também, não atravessemos a linha da honestidade, essa sim, deve ser preservada em qualquer circunstância. Não existe lucro a qualquer custo, os lucros devem ser buscados com bom-senso e administrados com destreza.

Sobre ser cauteloso com as finanças

Devo dizer que tomar cautela com relação às finanças é uma das principais etapas a ser seguida por um homem de negócios, afinal, quando montamos uma empresa um dos objetos é ganhar dinheiro e se ele não for bem administrado, naturalmente, ao invés de lucrar, perderemos capital e, pior do que isso; dependendo da situação, podemos perder nossa capacidade de resiliência, pois, não há nada mais frustrante do que reconhecermos que falhamos. Evidentemente, que não somos tão perfeitos assim a ponto de acertarmos na primeira, pode ser que nosso negócio não dê certo logo de princípio, pode acontecer de termos de fechar as portas, mas, isso não significa o fim, podemos cair inúmeras vezes e levantar quantas vezes forem necessárias; porém, para evitarmos fracassos recorrentes é preciso olhar direito para essa particularidade, que são as finanças.

Assim como em nossas vidas, a movimentação financeira de nossa empresa deve ser tratada com muita seriedade e inteligência, muitas vezes, é uma conta simples que temos que fazer, mas não podemos vacilar, basta um deslize para que tudo vá por água abaixo. Assim costuma acontecer com a maioria das pessoas, elas têm crédito na praça, então, acabam dando um passo maior que a perna, é aí, então, que as dívidas viram uma bola de neve e o indivíduo não sabe mais como sair dessa situação.

Mestre Gabriel Amorim

Código de Conduta Para Ser Bem-Sucedido nos Negócios

Toda empresa precisa de capital, eu sei que dizer isso é meio óbvio, mas, faço isso justamente para chamar a atenção para a importância de saber lidar com a parte financeira da companhia. Simplesmente não podemos ser negligentes nesse quesito.

Cada passo exposto neste capítulo é fundamental para fazer com que os negócios corram bem, é preciso ter disciplina e discernimento para trabalhar com as finanças da empresa, é isso que vai fazer com que você tenha lucro e com que sua companhia seja bem-sucedida.

Seja Seletivo no Recrutamento

Os funcionários são os ativos mais preciosos dentro de uma companhia. O sucesso de uma empresa depende da qualidade de seus colaboradores, é por isso que devemos recrutar somente os melhores.

Além de angariar as melhores pessoas para a companhia, devemos colocá-las na função correta, caso contrário, elas não produzirão o resultado esperado e, até mesmo, poderão prejudicar o trabalho dos demais colaboradores.

É fundamental que nos preocupemos em montar um departamento de recrutamento e seleção que seja capaz de satisfazer essas necessidades, caso contrário, sem pessoas capacitadas ao nosso lado jamais seremos bem-sucedidos.

Possuir uma boa estrutura, bons equipamentos, instalações adequadas e ter produtos ou serviços de boa qualidade são fundamentais para o desenvolvimento da empresa, porém, mais importante do que tudo isso, são as pessoas. Por isso, é essencial que a empresa tenha um eficiente departamento de recrutamento e seleção de pessoal.

As pessoas são, realmente, o bem mais valioso de uma empresa, são elas que irão executar as tarefas que darão impulso aos negócios. Os colaboradores devem ser olhados e cuidados de modo muito especial, jamais devemos tratá-los como um simples número ou menosprezá-los. O departamento de recursos humanos tem o papel de escolher o melhor candidato e introduzi-lo na companhia de maneira que ele se sinta à vontade e motivado a trabalhar com os demais companheiros. Um bom setor de recursos humanos une o colaborador aos princípios e objetivos da empresa fazendo com que o trabalho em conjunto seja prazeroso e, em consequência, proveitoso e lucrativo para ambas as partes.

Observe o caráter

Já tratamos desse assunto no subcapítulo "Como Julgar o Caráter de Funcionários" que é parte do capítulo "Seja um Bom Juiz de Caráter", esse é um assunto de extrema importância e se encaixa em diversos setores, tanto da nossa vida quanto nos negócios.

O bem mais precioso de uma pessoa é seu caráter. Um indivíduo sem caráter não vale nada, portanto, nesse caso específico, que é a contratação de pessoas, devemos ser capazes de detectar o caráter dos colaboradores, antes que seja tarde demais.

O caráter pode ser revelado através de pequenos detalhes durante o dia a dia, particularmente, quando ocorrem os bate-papos entre a equipe. Esse é um momento no qual os colaboradores se sentem mais à vontade e é aí que eles se mostram mais sinceros, expondo seu verdadeiro caráter. Portanto, como empresários, devemos nos tornar bons observadores para poder interagir melhor com nossos funcionários e encontrar a maneira mais adequada de trabalharmos juntos. Ou, então, caso não tenha sido percebido pelos recursos humanos, são nesses momentos que temos condições de detectar que determinado colaborador não está alinhado com a empresa, isso também é possível.

Dentro de uma empresa, o processo de recrutamento de uma pessoa não tem fim, pois, ela poderá ser promovida ou mudar de cargo diversas vezes. Um bom observador de caráter poderá decidir mais facilmente entre uma ou outra pessoa quando for necessário promover ou mudar alguém de função.

Para que o empresário seja bem-sucedido, ele deve cultivar o hábito de observar o caráter das pessoas, com o tempo essa rotina se transformará em experiência, fazendo com que o empreendedor reconheça o caráter de determinado indivíduo apenas conversando por alguns minutos. É importante desenvolver essa habilidade, pois, isso poderá livrá-lo de futuros problemas e ainda economizar tempo.

Portanto, recomendo que você vá até ao subcapítulo "Como Julgar o Caráter de Funcionários", várias e várias vezes, assim, quando você estiver conversando com as pessoas, poderá conhecê-las melhor. Você saberá quem elas são e quais são as suas tendências positivas e negativas; isso facilitará, e muito, quando você precisar avaliar alguém para contratar ou assumir um novo cargo.

Treine seu pessoal

Funcionários podem cometer erros e causar enormes perdas financeiras para uma companhia, por essa razão, o treinamento da equipe é vital para impedir o maior número de falhas possível. Uma equipe bem preparada pode levar sua empresa longe.

A falta de treinamento adequado, principalmente quando um funcionário acaba de entrar na empresa, faz com que a pessoa contratada demore muito tempo para se adaptar, provocando, como consequência, vagarosidade na execução das tarefas e isso, naturalmente, não é bom.

Muitas vezes, por não conhecer as normas da companhia, o colaborador recém-contratado acaba tendo um número excessivo de retrabalho apenas tentando adequar os seus afazeres às normas da nova empresa. Às vezes, ele pode estar executando uma tarefa desnecessária ou que não condiz com aquilo que a empresa necessita ou prega, é por essa razão que é primordial dar uma atenção especial ao colaborador que está chegando à companhia, oferecendo-lhe um bom treinamento e o orientando de acordo com os princípios da empresa.

Novos colaboradores que não tenham um treinamento adequado e que são colocados para trabalhar diretamente com o cliente não saberão lidar com a clientela, pois, ele próprio não conhece bem a empresa onde trabalha. Não capacitar o novo funcionário traz consequências desastrosas, pois, além de o colaborador não estar apto a conquistar clientes, ele pode perder a clientela regular ou os defensores, isso, certamente, pode causar sérios prejuízos à empresa.

Outra grave consequência de um funcionário mal treinado, dependendo da gravidade do problema que ele tenha gerado, é a quebra da boa reputação da empresa. Como já foi dito no subcapítulo "Construa sua reputação" que é parte do capítulo "Seja Conhecido no Mercado", uma boa reputação leva anos para ser construída, por isso é que devemos dar toda atenção possível para os colaboradores de nossa empresa, orientando-os e treinando-os adequadamente, a fim de impedir que a imagem da companhia seja destruída.

A maioria dos problemas é ocasionada não por falta de competência, mas, sim, pela ausência de treinamento, é por isso que costumo dizer que investir em capacitação nunca é demais.

É fundamental que o empresário invista tempo e dinheiro no treinamento da equipe, essa atitude influenciará diretamente no resultado dos negócios. Além disso, a capacitação motiva os colaboradores, evita problemas e traz bons frutos para a companhia.

Contrate especialistas

Quando você precisar executar uma determinada tarefa que seja especial, se você não quiser ter problemas, contrate um especialista, é para isso que eles existem. A qualidade de seus produtos ou serviços constrói a reputação e a imagem de sua companhia, portanto, nunca desperdice seu tempo e dinheiro contratando alguém que vá fazer uma gambiarra, quando for necessário um especialista.

Podemos contratar os serviços do vizinho, que é pedreiro, para construir o muro da nossa casa, mas, se quisermos construir um edifício de vinte andares, certamente teremos que contratar um engenheiro e mais uma porção de outros profissionais especializados para dar conta do recado.

Quando se trata de serviços especializados, nenhum ditado popular é mais verdadeiro do que aquele que diz: "O barato sai caro". Quase todos nós já tivemos que pagar para um profissional refazer o trabalho realizado por um amador, simplesmente porque escolhemos pagar mais barato da primeira vez.

Médicos, dentistas, advogados, contadores, engenheiros, analistas de sistemas, programadores etc. são todos profissionais especializados que jamais podem ser substituídos, caso contrário você ou sua empresa poderá ter sérios problemas.

Claro que a necessidade de se contratar um especialista não pode impedi-lo de reconhecer os talentos dentro de sua companhia, é preciso olhar para as pessoas que trabalham com você e dar espaço para que elas se desenvolvam. É preciso recompensá-las pelos seus esforços e não interferir no seu trabalho, deixa-las livre para que elas se sintam à vontade para criar e crescer.

Sobre ser seletivo no recrutamento

Lidar com pessoas pode ser uma tarefa fácil, desde que você se prepare para isso. No mundo dos negócios obrigatoriamente estamos sempre envolvidos com gente, sejam nossos clientes, sejam nossos fornecedores, sejam nossos colaboradores; nesse sentido, não há como ignorar o fato de que temos que estar aptos a ter um bom relacionamento com todo tipo de pessoa. Neste capítulo a atenção está voltada para a equipe que escolhemos para trabalhar conosco. Se você parar para pensar nisso que acabei de dizer "a equipe que escolhemos para trabalhar conosco", você vai perceber a tremenda importância que isso tem para que os seus negócios deem certo. Ora, se você não tiver indivíduos capacitados para seguir a linha de sua empresa, para executar um trabalho de excelência, para agregar valores à sua empresa, você está perdido, meu amigo.

Um empresário não pode – e nem deve – tocar uma empresa sozinho, como eu já citei aqui neste livro, no item "Generosidade e caridade", do capítulo "Como julgar nosso próprio caráter": "tartaruga não sobe em poste sozinha". Ou seja, o empresário precisa ter pessoas confiáveis para ajudá-lo a tocar sua empresa e, mais do que isso, ele necessita que essas pessoas estejam preparadas para realizar um trabalho nobre, elas devem dar o seu melhor e estar envolvidas com os princípios da companhia. Como eu disse no início desta conclusão, isso pode ser uma tarefa fácil, mas, você tem que se preparar e, também, capacitar o seu departamento de recursos humanos para escolher as pessoas certas.

Quando falamos em pessoas nossa atenção precisa ser especial, pois, todos nós queremos ser bem tratados. Portanto, o indivíduo que você está contratando também cria uma expectativa de que o lugar que ele escolheu para trabalhar terá líderes que irão tratá-lo com respeito e mais, vão cuidar dele, empenhando-se em conviver com esse novo colaborador da melhor forma possível, auxiliando-o nas tarefas, ensinando-lhe sobre os preceitos da empresa. Ninguém começa a trabalhar em um lugar achando que vai ser maltratado, embora isso seja uma realidade para muitos, mas, naturalmente, não é o nosso caso, pois, o que realmente importa para nós, que queremos ser empresários de sucesso, é evoluir, e a evolução está intimamente ligada a boas relações, sejam elas profissionais ou pessoais.

Código de Conduta Para Ser Bem-Sucedido nos Negócios

Se quisermos ter sucesso nos negócios, devemos nos dedicar na escolha da pessoa certa para estar ao nosso lado e ter um bom relacionamento com ela, como eu disse no início deste capítulo, as pessoas é o bem mais importante em uma empresa, se não dermos importância para isso, infelizmente estaremos fadados ao fracasso.

Preparar as pessoas que trabalham com recursos humanos; ser um bom observador de caráter; treinar o colaborador que está iniciando suas atividades na empresa, escolher um bom especialista quando necessário todas essas ações são valiosíssimas para uma boa atuação de sua empresa no mercado, mas, o mais importante é fazer com que as pessoas que trabalham com você se sintam felizes, esse é o bem maior, é isso que vai agregar valor à sua companhia e vai proporcionar a você um reconhecimento imensurável e você será, com toda certeza, próspero em seus negócios.

Seja um Motivador de Pessoas

Se não soubermos quem somos e o que queremos jamais nos sentiremos motivados e, também, nunca conseguiremos motivar outras pessoas. Foi por essa razão que, no subcapítulo "Como julgar o caráter de funcionários" que é parte do capítulo "Seja um Bom Juiz de Caráter", descrevi detalhadamente como reconhecer cada tipo de ser humano para, com isso, sabermos como reconhecer tanto a nós mesmos quanto as demais pessoas e, dessa maneira, termos condições de nos automotivarmos e, também, motivarmos os demais. Somente depois de nos automotivarmos seremos capazes de motivar outras pessoas, isso ocorre porque a motivação gera o entusiasmo e o entusiasmo é contagiante.

A motivação, portanto, não pode ser imposta, comprada, negociada, roubada, herdada, emprestada ou doada, mas, sim, gerada e conquistada; ela deve ser provocada, primeiro, em nós mesmos e, depois, ela deve ser irradiada e despertada nos outros, ocasionando, assim, uma reação em cadeia, que pode atingir as pessoas de um único departamento, de vários departamentos ou de toda nossa companhia.

Como já foi dito, para que possamos motivar as pessoas precisamos levar em consideração o seu tipo de temperamento, adquirir a habilidade de observar e analisar as pessoas, reconhecendo seu temperamento é um trunfo para a vida, afinal, as relações são fundamentais para que um negócio siga prosperando e nada mais sábio do que aprendermos a lidar, da melhor forma possível, com indivíduos de todos os tipos, seja colérico, sanguíneo, fleumático ou melancólico. Veja, a seguir, como pode ser fácil motivar as pessoas que trabalham em sua empresa, basta ter um olhar mais atento.

Como motivar um colérico

O tipo colérico já é automotivado, ele praticamente não precisa ser motivado por alguém, na verdade, é preciso tomar mais cuidado para não o desmotivar do que para motivá-lo propriamente dito. Porém, se você quiser motivá-lo ainda mais, não o trate como idiota, dê-lhe tarefas desafiadoras e não fique lhe explicando tim-tim por tim-tim, pois, o colérico detesta isso e, certamente, se você agir assim ele pensará: "Será que esse cara pensa que sou retardado".

O tipo colérico é naturalmente líder, nesse caso, jamais o coloque numa posição de subordinado, exceto se for para uma tarefa realmente desafiadora, que exija muita energia e muita excitação. E, mesmo assim, dê a ele a possibilidade de liderar outras pessoas, caso contrário, você terá uma bomba relógio em suas mãos. Coléricos nasceram para comandar, onde existirem pessoas para serem conduzidas, existirá um colérico feliz e motivado na liderança.

O tipo colérico está ligado à ação, para ele, atividade repetitiva e monótona é pior do que a morte, eles simplesmente detestam trabalhos desse tipo. Se quiser ver um colérico feliz e motivado, dê-lhe uma tarefa desafiadora e que exija esforço e muita ação. Um delegado colérico, por exemplo, será do tipo que comandará uma ação para prender um bandido dentro do seu próprio covil, sendo que ele mesmo entrará no local e arrastará, pelos colarinhos, o meliante para fora.

O futuro é o posicionamento do colérico com relação ao tempo, portanto, o colérico constantemente está pensando no futuro, isso quer dizer que o ato de planejar é inerente a esse tipo de temperamento, assim sendo, a pessoa colérica também se sentirá motivada se trabalhar em qualquer atividade que exija planejamento, como, por exemplo, a função de presidente ou gerente de uma empresa.

Quanto à matemática, o colérico tem relação com a divisão, onde ele puder usar a divisão, ele estará feliz e motivado. Se ele for jogador de futebol, por exemplo, certamente, se adaptará na posição de capitão do time jogando no meio de campo, assim ele poderá comandar a equipe e distribuir a bola ao mesmo tempo. Como gerente, por exemplo, o colérico poderá liderar e dividir as tarefas, isso o fará motivado e ele certamente trará bons resultados aos negócios.

O colérico tem como emoção básica a ira ou raiva e, como sabemos, essas são emoções que levam à coragem, assim, qualquer função que exija coragem, o motivará, seja liderando uma incursão num território hostil como um militar, ou conduzindo um pelotão para apagar um grande incêndio como bombeiro, por exemplo, serão colocações que motivarão o tipo colérico.

Concluindo, a melhor maneira para se motivar uma pessoa colérica é dando-lhe uma tarefa que esteja ligada à liderança, ao planejamento, à ação e à coragem. Não perceber o colérico e fugir daquilo que o faz trabalhar como uma locomotiva é tolice, o melhor é explorar a incrível capacidade das pessoas que têm esse tipo de temperamento, compreendendo como funcionam e usufruindo daquilo que elas têm de melhor.

O colérico é a pessoa mais fácil de motivar, já que ele é automotivado, ou seja, você apenas injetará mais motivação a esse indivíduo e isso seguramente resultará em vantajosos frutos, uma vez que a ação é a mais proveitosa característica do tipo colérico.

Como motivar um fleumático

O fleumático é desmotivado por natureza, é o tipo de pessoa que sempre precisa de um empurrão para começar alguma coisa. Portanto, ao passar uma tarefa para um fleumático precisamos ter muita paciência, explicando, lentamente, os mínimos detalhes do trabalho. Se possível, é aconselhável começar a tarefa junto com ele para que ele entenda exatamente o que deve ser feito. Nunca entregue para um fleumático uma tarefa urgente, pois, certamente, ele não cumprirá o prazo; tarefas urgentes devem ser dadas sempre a pessoas do tipo colérico. Escolha funções que não exijam urgência, de preferência aquelas que não dependam de prazo, assim, o fleumático se sentirá feliz e fará um bom trabalho, caso contrário ele se desmotivará.

O presente passivo é o posicionamento do fleumático com relação ao tempo, consequentemente, ele é parado e detesta se movimentar. Sendo assim, trabalhos que demandam energia e excitação acabam o irritando, logo, quanto mais parado o fleumático puder ficar enquanto estiver trabalhando, melhor será para ele. Se ele tiver alguém que execute o serviço por ele, ele vai adorar. O fleumático é o tipo de ser humano que precisa de ajuda, ele prefere que alguém realize a função por ele, por essa razão, os fleumáticos são excelentes empresários, médicos de consultório, dentistas, etc., pois, essas profissões são mais estáticas ou proporcionam que outras pessoas realizem tarefas para elas. Qualquer tipo de trabalho que o fleumático tenha condições de ficar tranquilo no seu canto será propício para ele e, consequentemente, ele se sentirá feliz e motivado.

No que diz respeito à matemática, os fleumáticos têm relação com a soma, assim, naturalmente, eles são acumuladores, por isso que, normalmente, eles são grandes empresários, pois, enquanto os outros trabalham por eles, eles acumulam as riquezas. Tarefas que adicione amizade, conhecimento; que possibilite que o fleumático obtenha ajuda, motivam e são excelentes para pessoas desse tipo de temperamento.

Com relação a emoções, a emoção básica do fleumático é o medo e, como sabemos, ao contrário da raiva que leva a ação, o medo breca o ser humano, impedindo que ele aja, limitando, assim, suas vitórias. O fleumático tem medo de se arriscar, de investir, de liderar, de dar ordens; ele tem medo de aborrecer as pessoas, e assim por diante e isso, muitas vezes, acaba bloqueando o seu progresso. Diante disso, a melhor maneira para manter um fleumático motivado é colocando-o numa posição de conforto e segurança.

Concluindo, a maneira ideal para motivar uma pessoa fleumática é provendo-lhe tarefas que não exijam esforço; que não a faça se sentir pressionada com relação a prazos; não exija muita coragem, nem grandes decisões. O tipo fleumático deve se sentir confortável e seguro para manter-se motivado.

Os fleumáticos são pessoas difíceis de motivar, entretanto, são muito confiáveis e se bem conduzidas podem se motivar e se tornar excelentes profissionais dentro de uma empresa, principalmente por sua capacidade de atrair e acumular riquezas.

Como motivar um sanguíneo

O sanguíneo é altamente motivado, é o tipo de ser humano mais motivado que existe. Entretanto, sua energia não acompanha a sua motivação, portanto, ele desiste facilmente das coisas. Assim sendo, tarefas que exijam tempo e esforço não devem ser entregues para pessoas desse tipo de temperamento. Indivíduos do tipo sanguíneo são naturalmente, na sua grande maioria, irresponsáveis e descompromissados, desse modo, trabalhos que demandam muita responsabilidade também não devem ser entregues para o sanguíneo. Por outro lado, esse tipo de pessoa é a que mais possui habilidade para motivar os demais, assim, para pessoas desse tipo de temperamento, devemos, preferivelmente, encarregá-las de tarefas rápidas, como projetos de curta duração, principalmente aqueles que envolvam a mobilização de pessoas, especialmente Indivíduos como ele.

    O presente ativo é o posicionamento do sanguíneo em relação ao tempo, isso significa que eles são pessoas que optam pelo aqui e agora, sendo assim, trabalhos demorados entediam rapidamente pessoas desse tipo de temperamento. Esses indivíduos adoram se movimentar e conhecer gente, portanto, simplesmente, eles detestam ficar presos em ambientes de trabalho, principalmente se tiverem que ficar sozinhos. Assim, os sanguíneos se dão muito bem com vendas, organização de eventos; sendo artista, modelo, fotógrafo, etc. Se você quiser ver um sanguíneo motivado e feliz, basta encarregá-lo com tarefas que ele possa se movimentar; conhecer outras pessoas e, ao mesmo tempo, que eles possam se divertir sem muito comprometimento. Sanguíneos não gostam de comprometimento e, normalmente, não são pessoas de muita confiança.

    Em se tratando da matemática, os sanguíneos têm relação com a multiplicação, portanto, eles adoram a diversidade, desse modo, a melhor maneira de manter um sanguíneo motivado é deixá-lo executando tarefas diferentes, de modo constante. Conservar sanguíneos em trabalhos rotineiros é como decretar a sua morte, eles simplesmente detestam isso.

    A alegria é a emoção básica do tipo sanguíneo e, como sabemos, a alegria é uma das energias mais poderosas do mundo, se não, a mais poderosa. A alegria, aliada à excitação de um sanguíneo, contagia todos à sua volta gerando uma enorme motivação. Ambientes tristes são altamente desmotivantes, portanto, se quisermos motivar determinado meio, é fundamental que tenhamos algumas pessoas do tipo sanguíneo no local, isso ocorre porque a tristeza e a desmotivação não prosperam em ambientes alegres.

Concluindo, podemos dizer que é muito fácil motivar um sanguíneo, mas, se quisermos motivá-lo ainda mais, basta encarregá-los de tarefas que não os prendam no mesmo lugar; que não os obriguem a entrar na rotina; devemos dar-lhes funções que os mantenham em contato com gente, ocupações que não sejam demoradas, que não exijam muita responsabilidade, enfim, eles devem estar submergidos em trabalhos que lhes deem liberdade.

Como motivar um melancólico

O melancólico é o tipo de indivíduo mais difícil para se motivar, isso ocorre porque ele é altamente negativo. Normalmente, ele vive como se estivesse dentro de uma ostra, como consequência disso, o acesso a esse tipo de pessoa é muito complicado e, por isso, motivá-lo se torna extremamente difícil. Entretanto, se conseguirmos adequar suas tarefas aos seus desejos, o melancólico se torna altamente produtivo e motivado. As pessoas desse tipo de temperamento são dotadas de extrema energia interior e são altamente analíticas, assim sendo, tarefas complexas que exijam muito tempo, raciocínio, esforço e detalhamento, são excelentes para mantê-las motivadas por muito tempo. Além disso, os melancólicos são, excepcionalmente, responsáveis e comprometidos, portanto, se tivermos uma tarefa longa e complexa e quisermos ter certeza de que será bem-feita e entregue no prazo, devemos apresentá-la a um indivíduo do tipo melancólico.

O passado é o posicionamento do melancólico em relação ao tempo, eles são pessoas que vivem no passado e detestam gente, portanto, tarefas que remetam ao passado ou que eles possam executar sozinhos, são altamente motivantes para esse tipo de indivíduo. Profissões como bibliotecário, escritor, necrologista, agente funerário; investigador, principalmente aqueles especializados em crimes ocorridos em outras épocas, conhecidos como casos arquivados, são excelentes profissões para pessoas do temperamento melancólico.

Na matemática o melancólico tem relação com a subtração, portanto, eles preferem estar focados em uma única coisa, desse modo, a melhor maneira de manter o melancólico motivado é atribuindo-lhe uma única tarefa, de preferência, que seja bem complexa, que exija muita concentração e energia, principalmente a energia do pensamento. Como eles não gostam de estar entre pessoas, mantê-los trabalhando no meio de muita gente é extremamente desmotivante para eles, isso os torna ainda mais infelizes do que já são.

Como já sabemos, a tristeza é a emoção básica do tipo melancólico, portanto, a pior coisa que podemos fazer em se tratando de motivação, é colocar um indivíduo melancólico trabalhando com outras pessoas. Pessoas assim, como os melancólicos, contaminam as demais com sua negatividade, portanto, se fizermos isso, um ambiente que outrora estava motivado, poderá, em muito pouco tempo, se tornar totalmente desmotivado. Nesse caso, o melhor mesmo a fazer é manter o melancólico trabalhando isolado, distante dos demais.

É muito difícil motivar um melancólico, porém, ainda podemos alcançar essa meta adequando as funções a esse tipo de temperamento, isso significa proporcionar ao melancólico, tarefas que exijam muita energia, raciocínio, concentração, foco, comprometimento e responsabilidade e que preferencialmente eles possam trabalhar sozinhos.

A motivação torna-se algo fácil a partir do momento que passamos a compreender como cada pessoa é em sua essência. Para muitos pode parecer estranho dizer que para motivar uma pessoa é preciso proporcionar-lhe solidão, por exemplo. Mas, é exatamente este o ponto que proponho neste livro: analisar cada tipo de temperamento, levar em consideração o que faz com que a pessoa se sinta satisfeita de acordo com as suas características e adequar a sua rotina e o seu trabalho ao que a faça feliz; se fizermos isso não tem como a pessoa se sentir desmotivada, até mesmo um indivíduo que é desmotivado por natureza, como são os melancólicos, se sentirá motivado atuando do jeito que se sente bem.

Fatores gerais que motivam

Descreverei mais abaixo uma lista contendo a maioria dos elementos que motivam as pessoas para que vocês possam usá-los como técnicas motivacionais na empresa, na família ou consigo mesmo. Você poderá observar que não existe nada de especial nessa lista, são atitudes simples que, se colocadas em prática, farão toda a diferença nas companhias, em sua casa; nas pessoas à sua volta e em sua própria vida.

Dar o exemplo: Existe um ditado que diz "A palavra convence, mas o exemplo arrasta." Não existe nada mais motivador e inspirador do que o exemplo. Comecei a escrever esse livro no mesmo ano que o João Doria Júnior tomou posse da Prefeitura da cidade de São Paulo. João Doria tornou-se minha inspiração. Em apenas um mês de gestão, ele fez mais do que o Prefeito anterior, em quatro anos. É muito comum vê-lo acompanhando os garis na madrugada, ajudando a limpar as ruas, plantando árvores, apagando pichações, visitando hospitais, etc.

Eu dou aulas de Kung Fu todos os dias até às 22 horas e aos sábados até às 18 horas. Aos domingos conduzo os exames de faixa até mais ou menos meio-dia. Assim, costumo escrever meus livros após à meia noite, domingos à tarde e nos feriados.

Muitas vezes quando chego à minha casa, o que eu mais quero é tomar um banho, assistir um pouco de TV e ir dormir, porém, eu acabo pensando que se o João Doria, que é multimilionário, consegue fazer tudo isso e ainda por cima abdica de seu salário, como posso ir dormir sem trabalhar mais um pouco. João Doria tornou-se um exemplo para mim. Toda vez que eu fraquejo, penso nele e escrevo pelo menos mais uma página. Dar o exemplo motiva e inspira.

Conversar e manter a autoestima: o mundo é feito de pessoas, por essa simples razão é importante manter o diálogo em todos os níveis, ou seja, é significativo conversar tanto com pessoas intelectuais, cultas ou letradas, com as quais podemos aprender muito, quanto com indivíduos que são mais simples ou humildes, com os quais também temos muito a aprender. Ninguém é tão ruim que não tenha nada para dar, nem tão bom que não tenha nada a receber. É importante manter a estima das pessoas, não podemos ser desatenciosos, arrogantes ou mal-educados com ninguém. Para conservar a autoestima, devemos mudar a crítica por uma conversa construtiva, tecendo elogios sinceros, incentivando e reconhecendo as qualidades. É fundamental respeitar as pessoas. Podemos discordar e discutir com qualquer indivíduo, de qualquer nível, desde que não o ofendamos e nem ele a nós, assim, a conversa será saudável e produtiva e manteremos a autoestima, não gerando conflitos; preservar o respeito é essencial, principalmente em momentos de extrema raiva ou problemas graves.

Escutar e responder: nascemos com duas orelhas e apenas uma boca, isso já significa alguma coisa. O nosso maior inimigo está bem abaixo do nosso nariz e a gente não presta muita atenção nele, ele é a nossa boca. Devemos dar atenção quando alguém vier nos falar algo, não podemos ficar fazendo outras coisas ao mesmo tempo; é preciso parar e dar toda a atenção para a pessoa, escutando, primeiramente, tudo o que ela tem a dizer sem interromper e somente depois responder. Essa é uma regra fundamental. Usar de empatia, ou seja, sentir o que a pessoa está sentindo naquele momento é importante para poder compreendê-la. Antes de responder, é bom repetir um resumo do que escutou para ter certeza de que realmente entendeu o que ela disse. Converse com ela, reproduza o que ela falou e confirme se foi aquilo mesmo que ela quis dizer; isso evita mal-entendidos e mostra que você compreendeu, com clareza, aquilo que a pessoa queria perguntar e deu a devida atenção a ela.

Código de Conduta Para Ser Bem-Sucedido nos Negócios

Ajuda na resolução de problemas: ajudar sem tirar a responsabilidade da pessoa para que ela não se sinta incapaz. Os problemas da empresa são de todos que ali trabalham, assim como os problemas familiares são de todos os membros da família, portanto, oferecer ajuda e recursos, motivam.

Pedir ajuda para resolver problemas: pode não parecer, mas, as pessoas gostam quando pedimos ajuda a elas, porque se sentem importantes e competentes e isso aumenta a sua autoestima. Pedir ajuda não é mostrar incompetência ou fraqueza, pelo contrário, significa agilizar as tarefas. Quando recebemos ajuda e assumimos a responsabilidade, mas, deixamos claro que se alguma coisa der errada a responsabilidade será nossa, motiva.

Pedir sugestões, ideias e conhecimento: isso gera trabalho em equipe; empatia, autoestima; sensação de estar fazendo parte de alguma coisa. Em qualquer lugar, sempre encontramos os especialistas, pessoas que têm um conhecimento maior do que o nosso em determinada área, portanto, pedir sugestões, ideias e conhecimento, motiva.

Trabalhar em grupo: nós não podemos ser individualistas, devemos trabalhar em grupo, principalmente nas resoluções de problemas e ações corretivas. Esse tipo de atitude é altamente motivante.

Prover liberdade e dar recursos para ideias, correções e sugestões: se no trabalho, um funcionário tiver alguma ideia, devemos colaborar e ajudar com essa ideia. Quem executa as tarefas, no seu dia a dia, tem muito mais chance de apresentar uma boa ideia para melhorar o processo, mais do que o chefe, que está um pouco mais distante. Por que não aproveitar essa facilidade?

Mestre Gabriel Amorim

Ouvir e valer-se da ideia de um funcionário é extremamente motivante.

Dar autonomia para escolher uma liderança: por exemplo, escolher os participantes para um trabalho em grupo. Isso realmente gera união e, consequentemente, motivação.

Desenvolver autoconfiança nas pessoas: deixar que a pessoa faça as coisas do jeito dela, desde que ela obtenha o resultado desejado, é altamente motivante.

Desenvolver processos de melhoria contínua: incentivar a melhoria contínua através de treinamento e autoaperfeiçoamento também leva à motivação.

Delegar responsabilidade: um líder nunca pode estar em muitos lugares ao mesmo tempo, a única maneira possível de isso ocorrer é delegando responsabilidades. Além de agilizar a tomada de decisões, confiar nas pessoas, dando-lhes responsabilidades, é altamente motivante.

Desenvolver controles: existe uma quantidade de controle que é aceitável e normal e esse tipo de controle é motivante. O que não é motivante é o excesso de controle ou a falta dele. A falta de controle de gatos, por exemplo, quando não existe um teto para os gastos e eles ficam fora de controle e a falta de metas é desmotivante, enquanto que o oposto é altamente motivante. Usar controles para acompanhar, guiar e orientar os rumos é importante e motiva. O controle é espetacular quando é direcionado a avaliar as melhorias contínuas de produtividade, os resultados e a eficácia, isso motiva e muito.

Gerar metas e motivos: as metas e os motivos são os principais geradores da motivação, portanto, criar metas e motivos é o mesmo que gerar energia vital para nos manter motivados.

Concluindo, podemos dizer que as regras da motivação são as seguintes:

A motivação e a desmotivação são dois polos de uma mesma energia, portanto, onde existe desmotivação podemos transformá-la em motivação.

Pensamentos, sentimentos e ações motivam ou desmotivam, se forem positivos motivam, se forem negativos desmotivam.

A motivação é polar, ela pode ser positiva ou negativa, ou seja, podemos estar motivados tanto para coisas positivas quanto para as negativas.

A motivação energiza pessoas e ambientes, assim como uma pessoa desmotivada pode desenergizar. Isso significa que colocar uma pessoa desmotivada em um ambiente motivado pode motivá-la, o mesmo pode acontecer na situação contrária.

A motivação excita para ação, enquanto que a desmotivação gera inação.

Desmotivar é muito mais fácil do que motivar, basta uma palavra mal colocada que alguém pode se desmotivar.

Só gera motivação quem a usa. Quanto mais alguém se motiva mais motivada ela fica.

A motivação é uma tarefa diária. Assim como se não nos exercitarmos ou comermos, ficaremos fracos, se não nos motivarmos constantemente, nos tornaremos pessoas desmotivadas.

Só motiva quem está motivado, quem está desmotivado somente desmotiva.

Fatores gerais que desmotivam

Uma empresa ou indivíduo desmotivado nunca vai alcançar seus objetivos; seja de que tamanho for o seu anseio. Por essa razão é primordial conhecermos os fatores desmotivantes para que se trabalhe o oposto. Falando de uma maneira geral, para uso prático, sem considerar os tipos de temperamentos humanos, vou relacionar abaixo os fatores que julgo mais desmotivantes em relação a empresas, negócios, famílias, casamentos, relacionamentos afetivos etc.:

Quando somente os encarregados (gerentes, chefes etc.) são as pessoas que pensam, tomam as decisões e dão as ordens e os funcionários apenas executam: todo ser humano, por mais humilde, sempre tem alguma coisa a acrescentar.

O famoso escritor, filósofo e poeta, Ralph Waldo Emerson, declarou certa vez: "Todo homem que encontro é superior a mim em alguma coisa. E, nesse particular, aprendo com ele".

A capacidade de pensar é o que nos diferencia dos animais, portanto, nenhum homem jamais se sentirá feliz trabalhando em um ambiente onde não possa pensar ou tomar decisões. Se ele apenas executar tarefas, ou seja, se está em um ambiente onde a chefia é quem pensa, toma as decisões e dá as ordens, sem que haja participação dos funcionários, isso para o ser humano é altamente desmotivante.

Quando há um desconhecimento da situação real de onde e como estamos: passamos a maior parte de nossa vida trabalhando dentro de uma empresa, e é extremamente frustrante nos dedicarmos anos a fio a uma empresa sem ter conhecimento do que está acontecendo exatamente, como por exemplo, sem saber se a empresa está indo bem ou mal, se está crescendo ou não, se temos condições de crescer ou não e assim por diante.

A rotina no trabalho: no universo nada está parado, tudo está em movimento, tudo é evolução e evolução significa dar voltas e o que está em movimento nunca retorna da mesma maneira. O brilho do sol não é o mesmo, o calor nunca é constante, o frio e a chuva vêm e vão e quando voltam jamais são iguais. Nada dura por muito tempo, tudo é transitório, tudo evolui. O presente nada mais é do que a transição do futuro para o passado. Portanto, o trabalho em rotina, aquela situação de sempre fazer a mesma coisa todos os dias, sem metas e objetivos, sem nunca mudar, essa condição deteriora, entedia, frustra e é extremamente desmotivante.

Tratamento de funcionários com regras rígidas: toda regra tem exceção, por mais normas e regulamentos que existam dentro de uma empresa, sempre haverá situações nas quais devemos admitir a exceção, há casos, inclusive, cuja exceção é a melhor escolha. Portanto, excesso de rigidez comportamental, com relação a horários, atividades etc. geram desmotivação.

Pressão externa transferida para o meio interno: por exemplo: o dono de uma empresa ou negócio assiste aos noticiários falando da crise que em breve começará a assolar o país, ele fica extremamente preocupado e acaba transferindo toda a sua preocupação para dentro da empresa, tirando a tranquilidade dos funcionários, gerando apreensão e, consequentemente, desmotivação.

Administração tipo chicote em todos os aspectos: empresários que usam esse tipo de administração só arrumam inimigos. E quando eles viram as costas e o chicote não está mais presente o que acaba ocorrendo é exatamente o contrário, ou seja, o desrespeito das normas e regulamentos. Portanto, a administração ao estilo chicote, além de não funcionar, é extremamente desmotivante.

Mudança constante do quadro de funcionários: de modo geral, mudanças são sempre importantes, entretanto, quando elas acontecem de maneira constante, sem que os demais funcionários entendam exatamente as razões pelas quais essas variações estão acontecendo, isso gera insegurança e, consequentemente, desmotivação.

Dispensas constantes sem esclarecimentos: o fato de os funcionários observarem constantes dispensas sem os devidos esclarecimentos também gera insegurança e, em consequência, desmotivação.

Aumento de quadro sem esclarecimentos: é importante percebermos que a empresa onde estamos trabalhando está crescendo, mas, quando existe um aumento constante do quadro de funcionários sem as devidas explicações, principalmente, sem que os funcionários saibam as razões, isso também gera descontentamento e, portanto, desmotivação.

Código de Conduta Para Ser Bem-Sucedido nos Negócios

Quando os encarregados (gerentes, chefes etc.) não têm tempo de atender os funcionários: quando os funcionários precisam falar com seus encarregados e eles nunca têm tempo para atender, isso é frustrante e altamente desmotivante.

Reuniões não incentivadas por motivo justo: quando os funcionários estão sem tempo por estarem muito atarefados e, consequentemente, são convocados para reuniões sem um motivo justo, principalmente, no caso de o assunto não ter nada a ver com eles, isso atrapalha e gera desmotivação.

Reuniões cujos prazos não são cumpridos: quando os funcionários são convocados para reuniões e o prazo nunca é cumprido, ou seja, quando, com frequência, as reuniões precisam ser transferidas porque o assunto não foi concluído, normalmente, por desvio do tema a ser tratado, ou seja, por má condução da reunião, isso gera perda de tempo e, por consequência, o funcionário se sente desmotivado, principalmente, se não houver uma razão plausível.

Não cumprimento da palavra: existe um provérbio que diz: "Um homem sem palavra não vale nada". Pessoas que não cumprem com suas palavras geram desmotivação naqueles que sofrem as consequências disso, como, por exemplo, quando não se cumpre prazos e compromissos, isso acarreta atrasos e, portanto, desmotivação.

Excesso de reclamação: excesso de reclamação por problemas com a falta de cumprimento de prazos, reclamação dos clientes por falta de qualidade ou por causa dos preços, defeitos, etc. Isso é extremamente desgastante e gera desmotivação.

A busca constante de erros: esse é aquele tipo de administração que quando acontece um problema ao invés de se procurar resolvê-lo, passa-se a buscar um culpado. Em lugar de treinar o funcionário para evitar os problemas, os patrões se empenham em achar os culpados quando alguma coisa sai errada, gerando um ciclo sem fim, provocando uma violenta desmotivação, tanto para quem sofre as consequências da adversidade quanto para quem recebe a culpa por ela.

Utilização de condições unilaterais e ameaçadoras: coisas do tipo: "Manda quem pode, obedece quem tem juízo" ou "Faça isso porque eu estou mandando, não pergunte o porquê, apenas faça". Isso gera opressão e uma desmotivação brutal.

Decisões centralizadas: quando os funcionários não têm liberdade nenhuma para tomar algum tipo de decisão sem que tenham que pedir autorização para seu superior, ou seja, todas as deliberações vêm de cima para baixo sem que os funcionários possam opinar. Isso é extremamente frustrante e desmotiva.

A falta de trabalho em grupo: sem o trabalho em grupo o efeito da sinergia é desperdiçado. Sinergia é a força gerada por um esforço coletivo para realização de uma tarefa ou solução de um problema. Isso significa que a força gerada pelo esforço coletivo é maior que a soma das forças geradas individualmente, portanto, quando existe sinergia, uma tarefa pode ser executada em menos tempo do que se cada um executasse individualmente cada parte. Quando duas ou mais pessoas pensam em conjunto, elas chegam mais rapidamente à solução de um problema, isso, naturalmente, é mais positivo do que se cada um estivesse tentando resolver o contratempo sozinho. Portanto, a falta de trabalho em grupo desmotiva porque sobrecarrega individualmente os indivíduos, pois, se eles tivessem ajuda terminariam o trabalho ou solucionariam os problemas com mais facilidade.

O trabalho individualista e a criação de áreas independentes: Todo homem deveria se envolver nas atividades das mulheres e vice-versa, mesmo que parcialmente, desde que se respeite a cultura, a função etc. Qualquer ser humano precisa da ajuda do próximo, portanto, criar áreas independentes, separar as pessoas por sexo ou por outro motivo, também geram desmotivação.

Ambientes onde há muitas pessoas sérias: lugares onde a maioria das pessoas é muito séria, cautelosa, reservada; estão sempre com o pé atrás. Um ambiente onde ninguém costuma sorrir, onde as pessoas comumente estão com a cara amarrada, esse ambiente se torna tenso. Ambientes assim desmotivam.

Ambientes onde há muitas regras: por exemplo, áreas nas quais os funcionários têm que pedir autorização para fazer qualquer coisa. Algo como requerer autorização e avisar com antecedência se quiser falar com o gerente. Setores com uma burocracia excessiva, como, por exemplo, se o funcionário precisar sair mais cedo, ele tem que pedir autorização por e-mail, se ele quiser telefonar para fora deve solicitar a permissão do chefe, se for tomar um café tem que avisar etc. Se o funcionário faltar ou chegar atrasado é descontado na folha de pagamento e assim por diante. Ambientes assim, burocráticos ou com muita rigidez nas regras, sem certa tolerância, tolhem a liberdade das pessoas e geram desmotivação.

Ambientes com definição rígida de responsabilidades: quando as atribuições são tão rigidamente delimitadas que ao ocorrer algum tipo de problema, algo diferente do que todos estão acostumados, a maioria se esquiva e diz: "Isso não é problema meu" ou "Isso não é problema nosso"; na verdade, tudo o que acontece na empresa é problema de todos, portanto, a postura dos envolvidos sempre deve ser pautada na ação participativa. Assim sendo, ambientes com esse tipo de postura são péssimos e geram desmotivação.

Transferência de responsabilidade: quando somos responsáveis por alguma coisa temos que a assumir até o fim, nesse caso, não é errado se precisarmos da ajuda de alguém, mas, a responsabilidade final deve sempre ser nossa. Em certos ambientes de trabalho existem pessoas especialistas em transferir responsabilidades ou afazeres para outras pessoas. Basta alguma tarefa exigir mais responsabilidade que algumas pessoas arrumam logo uma desculpa para transferi-la. Se algum trabalho for um pouco mais complicado, custoso ou chato, certos indivíduos logo arranjam uma desculpa para passá-lo para frente. Ambientes assim, com transferência de responsabilidades, são intensamente estressantes e provocam muita desmotivação.

Excesso de desculpas e de justificativas: quando as pessoas de uma determinada área sempre têm uma desculpa, muito bem elaborada, para justificar alguma coisa que deu errado ou o atraso de uma tarefa; normalmente essas pessoas jogam a culpa em algum fato ou em alguém. Dão desculpas do tipo: "Eu cheguei atrasado por causa da chuva" ou "Eu não consegui terminar a tarefa no prazo porque tive que ajudar o fulano". O excesso de desculpas e justificativas causa desmotivação, pois, é complicado lidar com alguém que está sempre querendo explicar o porquê de sua falha ao invés de assumir o erro.

Inibição por parte de uma chefia distante ou rigorosa: existem ambientes de trabalho que a chefia está tão distante que, muitas vezes, os funcionários nem sabem de quem se trata; nunca encontrou o chefe, nunca o viu, nem mesmo o cumprimentou. Onde quer que estejamos, seja em qual nível for, temos que ter contato com nossos superiores, seja ele quem for e, também, com as pessoas que estão abaixo de nós. Ambientes como esses são devastadores e extremamente desmotivantes.

Ambientes onde não se pede ajuda ou quando se pede ela não é atendida: John Dewey, filósofo americano mencionou: "A mais profunda das solicitações humanas é o desejo de ser importante"; pode parecer que não, mas, todos os seres humanos gostam de ajudar, principalmente porque querem ser notados e, assim, poderão se sentir importantes. O oposto também é verdadeiro, ou seja, não temos o conhecimento sobre todas as coisas, portanto, sempre precisamos da ajuda de alguém para desenvolver determinada tarefa. Ambientes onde as pessoas têm dificuldade em pedir ajuda ou não são atendidas quando solicitam apoio, ferem essas profundas necessidades humanas e se tornam extremamente desmotivantes.

Produção inconstante ou variável: quando existe excesso de inconstância ou uma produção muito variável torna-se impossível planejar algo. Por exemplo, quando não sabemos se os juros vão aumentar ou diminuir, quando não temos previsão de quanto dinheiro vai entrar ou de quanto vamos produzir, isso desmotiva, pois, nos deixa de mãos atadas, impedindo que entremos em ação e, consequentemente, barrando o nosso desenvolvimento. Tão ruim quanto o excesso de inconstância é o excesso de constância, portanto, tanto um quanto o outro levam à desmotivação.

Rumores, boatos e fofocas geradas por desinformação ou falta de transparência, mais conhecida como a "rádio peão": quando as empresas não são transparentes ou não informam corretamente aos seus funcionários sobre o que acontece dentro da organização é muito comum se instalar o que chamamos de "rádio peão"; trata-se de uma rede de rumores, responsável pela propagação de fofocas ou notícias falsas. Quando isso ocorre, começam a surgir notícias do tipo: "Olha! Falaram que o jacaré vai passar este ano"; "Ouvi dizer que a empresa está quebrando"; "Falaram que o salário desse mês vai atrasar", e assim por diante. Rumores, boatos e fofocas nos aborrecem, diminuem o nosso ritmo e são altamente desmotivantes.

Visitas ostensivas à procura de erros: chefes que aparecem de supetão para pegar alguém no flagra fazendo alguma coisa errada. As visitas devem acontecer sim, mas, de maneira natural, como por exemplo, para verificar o andamento de uma tarefa, a conclusão de um serviço, a situação dos equipamentos, etc. A inspeção nunca deve ter o objetivo de tentar achar alguma coisa errada ou de buscar algum culpado. Esse tipo de atitude inibe as pessoas e provoca desmotivação.

Autoridade e responsabilidade impostas, ou seja, não naturais: a autoridade não pode ser comprada, herdada ou emprestada, mas, sim, conquistada, a partir da nossa experiência ou do nosso conhecimento. Autoridade ou responsabilidade imposta ocorre, por exemplo, no caso de chegar alguém de fora e nos dizerem que a partir daquele momento aquela pessoa é o novo chefe e que temos que fazer tudo o que ela mandar ou quando indicam alguém para ser o responsável por tudo que acontece no setor e que temos que falar com esse indivíduo quando acontecer qualquer coisa. Isso causa uma tremenda insatisfação e, consequentemente, desmotivação.

Quando há muitas pessoas cuidando de coisas simples e poucas cuidando das complicadas e mais sérias: quando existe um problema simples, todos querem dar sua opinião, todos têm a solução, porém, ao surgir uma situação mais complicada, a maioria finge que não está vendo ou foge como o diabo foge da cruz, esse tipo de atitude também provoca desmotivação.

Política salarial inadequada e desatualizada: devemos ganhar de acordo com a média do mercado e de acordo com a nossa função e capacitação. Não se deve fazer distinção de salário, seja por classe social, sexo, cor, raça; estado civil; idade e assim por diante. Esse tipo de diferenciação é preconceituoso, causa revolta e é extremamente desmotivante.

Treinamento deficiente, inadequado ou inexistente: muitas vezes, alguém é admitido na empresa e logo o colocam para resolver uma série de problemas sem que ele ao menos saiba por onde começar; sem explicações das normas da companhia, sem treinamento e, muitas vezes, sem saber a quem ele deve recorrer para pedir ajuda. A pessoa acaba dando cabeçadas e cometendo uma série de erros. Para piorar a situação, ele ainda é repreendido.

Isso jamais pode acontecer em uma empresa, pois, é injusto e gera desmotivação.

Administração com portas fechadas e atendimento com hora marcada: acredito que essa seja uma das piores coisas que possa existir dentro de uma empresa. Quando o chefe não gosta de ser incomodado, daquele tipo que é preciso agendar com bastante antecedência marcando horário com a secretária. A assistente desse tipo de chefia mais parece um leão de chácara, é como se elas tivessem sido contratadas apenas para barrar qualquer um que queira falar com o chefe. O pior dessa situação é que, muitas vezes, ele está em sua sala lendo uma revista, jogando paciência ou fazendo palavras cruzadas, ou seja, o chefe pode atender o funcionário, mas não o faz por indiferença. Esse tipo de atitude, realmente, é uma das mais grotescas e que mais geram desmotivação.

Excesso de autorizações: existem determinados chefes que passam o dia vistando documentos. Por menor que seja o assunto tem que passar pelas mãos dele para que ele dê o visto e autorize a ação. Chefes que não descentralizam nunca serão bons administradores, pois, jamais conseguirão que seus funcionários se acostumem a ter responsabilidade. A administração centralizadora não leva a nada e é altamente desmotivante.

Falta de reação no trabalho, desleixo ao executar as tarefas: isso indica que não existe ninguém cobrando qualidade, consequentemente, não há uma pessoa verificando o mérito dos funcionários. E, também, não existe meta e ou objetivo. Isso é totalmente desmotivante.

O trabalho em equipe emperrado ou difícil: quando algumas pessoas envolvidas em um trabalho em equipe, ao invés de colaborar, passam a atrapalhar o trabalho dos demais componentes para demonstrar a ineficiência do próximo e tomar o seu lugar, ou seja, ao invés de trabalhar como um time em prol de uma vitória para a empresa, essas pessoas passam a se dedicar individualmente para uma vitória pessoal. Isso prejudica o rendimento da empresa, atrasa as tarefas e faz com que as metas e os objetivos não sejam alcançados, provocando, assim, uma desmotivação geral.

O trabalho de cada indivíduo pertence à empresa: Não. Nós trabalhamos para nós mesmos. Executamos tarefas para a companhia, porém, trabalhamos para nós mesmos, portanto, afirmar que o trabalho de cada pessoa pertence à empresa é desmotivante.

Fofocas, intrigas e comentários que evidenciam erros das pessoas: algo do tipo: "Você viu o que fulano fez?" ou "Você viu com quem aquela secretária está saindo?" Ambientes assim, cheios de fofocas, intrigas e comentários dessa natureza desmotivam muito, especialmente aqueles que são os alvos da intriga.

Quando se está fazendo a mesma coisa há muito tempo e ninguém nota: Isso é terrível, principalmente quando alguém está se esforçando muito, por um período considerável e ninguém percebe. Esse tipo de trabalho rotineiro, sendo executado por uma temporada extensa, sem reconhecimento, é frustrante e causa desmotivação, sobretudo, quando a pessoa que está executando a tarefa rotineira sabe que o trabalho poderia ser feito de outra maneira e melhor.

Condições ambientais inadequadas e não corrigidas: por exemplo, quando o ambiente de trabalho está tão quente ou muito frio, de modo que as pessoas não conseguem nem raciocinar ou, então, quando os funcionários estão sujeitos ao vento, ao sol ou à poeira e ninguém aparece para corrigir isso. As pessoas precisam se sentir bem no local de trabalho, caso contrário, elas se sentem desmotivadas.

Dizer que o trabalho de uma pessoa não é importante: isso é uma das piores coisas que existe. Muitas vezes, só porque o trabalho de uma pessoa é simples, é dito isso, que não é importante. Imagine dizer que o trabalho de um gari, por exemplo, não é importante. Não tem importância até a hora que ocorre uma greve e a cidade inteira fica cheia de lixo e cheirando mal. Todos os tipos de trabalhos têm valor, portanto, dizer que o trabalho de uma pessoa não é importante desmotiva qualquer um.

Funcionários que não emitem opinião: esse tipo de funcionário pensa algo como: "É melhor eu não falar nada, senão vai sobrar para mim" ou "Eu faço apenas o que me mandam, não quero nem saber o que está acontecendo ou o que vai acontecer, estou recebendo para fazer isso e é isso que vou fazer, no resto eu não me meto". Ambientes onde os funcionários aceitam tudo e trabalham de boca fechada, ou seja, não expõem a sua opinião, gera desmotivação.

Funcionários não sintonizados com o que fazem: quando os funcionários fazem as coisas por fazer, sem se preocupar com a importância do trabalho que estão realizando. Por exemplo, pessoas que não estão preocupadas se estão gerando demasiados custos ou não, se o trabalho está bem feito ou não e assim por diante. Esse tipo de atitude causa extrema desmotivação.

Falta de planejamento e serviços atrasados: trabalhar sem planejamento nunca incide em um resultado adequado. Quando não se tem planejamento, muitas vezes, o trabalho acaba tendo que ser refeito por causa de algum detalhe que não foi previsto e isso acaba gerando mais gastos, menos lucro e mais trabalho e, obviamente, desmotiva, pois, em consequência, todos terão que fazer tudo de novo.

Trabalhar sem ter controle do que, de quanto e de como faz: quando se trabalha sem meta, sem objetivo e sem propósito, ou seja, sem saber exatamente quanto, como e porque se está fazendo determinado trabalho. Parece que não, mas, as pessoas querem ser cobradas para serem motivadas, portanto, trabalhar assim, desmotiva.

Trabalho voltado a apagar incêndios: normalmente, esse tipo de trabalho acontece em consequência da falta de planejamento ou de treinamento adequado e, por causa disso, muitas tarefas acabam sendo feitas de maneira errada causando problemas graves que quando estouram, fazem com que todos deixem suas tarefas habituais para correr atrás da solução para o desastre e resolvê-lo. Outra situação ruim é quando alguém sabe do problema, senta em cima e deixa para resolver na última hora, quando a ocorrência já está para estourar e será preciso solucionar com urgência. Esse tipo de evento provoca o aumento desnecessário de trabalho e, consequentemente, desmotiva.

Seguir as ordens sem manifestar concordância ou desacordo: Quando se concorda com tudo sem questionar, ou seja, o funcionário apenas faz seu trabalho porque alguém está mandando. É certo que isso é altamente desmotivante.

É certo que a quantidade dos elementos que desmotivam é muito maior do que os que motivam. Por isso é importante detectar o maior número possível desses aspectos para que possamos eliminá-los rapidamente a fim de perseguir os aspectos motivantes e assim obter o sucesso com a motivação.

Sobre ser um motivador de pessoas

Motivação é o ato de motivar. Motivar é dar motivos e motivo é aquilo que move, que serve para mover, que é movente ou que é motor. Portanto, podemos dizer que a motivação é o motor que move a nossa vida, nossos sucessos, nossos fracassos, nossas dores, nossas tristezas, nossas alegrias e tudo aquilo que queremos.

Motivação também é dar motivos para a ação, é uma espécie de energia interior que nos ativa psiquicamente, que nos coloca em funcionamento na vida e em estado de fluxo, ou seja, motivação é aquilo que nos impulsiona para uma determinada ação. É uma força que ativa a energia psíquica e que movimenta o organismo humano, provocando um determinado comportamento.

Podemos considerar que a motivação é uma das coisas mais importantes em nossa vida, porque é ela que nos ajuda a lutar, que nos ajuda a vencer, que nos leva a ter sucesso e a conquistar os nossos destinos, nossas metas, nossos objetivos e o nosso propósito de vida.

Código de Conduta Para Ser Bem-Sucedido nos Negócios

A motivação é fundamental para todos nós, pois, ela norteia os nossos sucessos e as nossas realizações, ela é a mãe de tudo aquilo que realizamos e é, também, aquilo que comanda toda a nossa evolução. Portanto, podemos dizer que uma pessoa sem motivação não vale nada, consequentemente, o limite de nossas possibilidades é o limite da nossa motivação. Portanto, para nos tornarmos empresários bem-sucedidos, devemos ser capazes de gerar os motivos necessários para que nossa equipe permaneça sempre motivada e nossa empresa continue sempre crescendo.

Seja Ousado ao Lançar Produtos

O lançamento de um produto deve ser um acontecimento especial, portanto, devemos preparar ações ousadas para mostrar o novo produto ou serviço à nossa plateia, ou seja, aos nossos clientes. O objetivo dessas ações deve ser o de fazer com que seu produto seja visto e experimentado pelo maior número de pessoas possível durante o período que escolhemos para o lançamento, assim, é preciso que sua publicidade seja intensificada nessa época.

Lançar um produto é a ocasião em que acontece o tal "Bum!". É esse efeito que o nosso produto deve causar nos clientes. Temos que trabalhar muito bem a nossa publicidade e tudo o que planejarmos para lançar algo novo para que o impacto em nosso público seja absolutamente espetacular. Para isso é preciso ousadia. Um homem de negócios deve ser arrojado; ele não pode ter medo e, acima de tudo, ele precisa procurar as pessoas certas para ajudá-lo nesse processo. A criatividade é fundamental nessa hora, portanto, invista na sua área de comunicação para que ela lhe traga ótimos resultados.

Torne seu produto conhecido

Quanto mais explosivo for o lançamento de seu produto, melhores serão os frutos, portanto, seja ousado, organize um evento para o lançamento. Convide pessoas influentes como, por exemplo, jornalistas, artistas, atletas famosos, etc. Essas pessoas serão os formadores de opinião que farão com que o público corra atrás do produto oferecido por sua empresa.

A publicidade durante o período de lançamento tem que ser intensa em todos os meios de comunicação possíveis, como, por exemplo, TV, rádio, revista, jornais, internet, etc. Investir em publicidade durante o período de lançamento nunca é demais. Lembre-se da importância de contratar um assessor de imprensa. Reserve recursos para isso, é importante que você esteja preparado para lançar o seu produto.

Ser entrevistado para falar sobre o novo produto em programas de TV que tenham grande audiência é conveniente. O lançamento de um produto é uma boa época para que o trabalho de sua assessoria de impressa seja intensificado; ela precisa fazer com que o evento de lançamento seja bem divulgado.

Dependendo do produto, é interessante investir na distribuição de amostras grátis ou stands para degustação dentro de lojas e supermercados, isso funciona muito bem. Certos tipos de produtos podem, inclusive, ser enviados gratuitamente para pessoas influentes e formadoras de opinião. Sua assessoria de imprensa também poderá conseguir isso.

Lançar um produto é como o lançamento de um foguete. Para que um foguete seja impulsionado é indispensável que seja injetada uma maior quantidade de combustível a fim de que ele seja queimado e a nave consiga sair da atmosfera terrestre, depois disso, já fora da força gravitacional da Terra, é necessário pouco combustível. Portanto, o lançamento de um produto funciona como um embalo para que ele fique conhecido mais rapidamente pelo consumidor e se torne, logo à primeira vista, atraente aos olhos do cliente.

Sobre ser ousado no lançamento

O lançamento de um produto pode ser encarado como o nascimento de um bebê. Todos aguardam ansiosamente pelo momento em que o bebê vai nascer e a família faz um preparo para esse período especial. Há o chá de bebê, depois, no hospital, há a entrega das lembrancinhas, a guirlanda na porta com o nome da criança, todos esses pequenos detalhes criam uma expectativa nas pessoas que acabam ficando ansiosas para ver e pegar nos braços o recém-nascido. Quando um empresário vai lançar um produto é quase a mais coisa, ele deve criar uma expectativa, as pessoas precisam ficar curiosas com o que vem por aí, para tanto, a propaganda tem que ser fantástica e o evento de lançamento precisa ser uma ocasião espetacular. Esse momento tem que causar nas pessoas o desejo de ter o seu novo produto nas mãos. É por essa razão que um homem de negócios deve investir nas áreas que estarão envolvidas com o lançamento, não há como tratar essa temporada de modo leviano, é imprescindível que o empresário tenha uma visão à frente do mercado, ele precisa ser ousado, tem que pensar diferente e mostrar a um vasto universo de pessoas algo totalmente novo e fascinante. É preciso inovar.

Seja Esperto na Aquisição de Produtos

Como empresários, precisamos adquirir material para uso interno, para revenda ou como matéria-prima para fabricação dos nossos produtos. Seja qual for à situação, precisamos ser cautelosos, porque produtos de má qualidade sempre acarretam perdas financeiras e, dependendo do caso, pode até manchar a reputação de nossa organização.

Outro detalhe importante que sempre precisamos ficar atentos é se o material que estamos comprando para uso da empresa é, realmente, necessário. É muito comum certos departamentos necessitarem de materiais para uso interno, enquanto outros os têm de sobra. O setor de compras precisa controlar a quantidade de material para que a empresa não fique inflada, possuindo um mesmo tipo de produto em demasia nos vários setores da empresa. A prudência, nesse caso, é fundamental para que não se gaste dinheiro à toa, é preciso evitar, também, o desperdício. Estoque do mesmo material espalhado pela companhia é dinheiro parado que poderia estar sendo investido em interesses mais importantes.

O barato pode sair caro

Nunca abdique da qualidade por causa do preço; o barato pode sair caro. Isso é o mesmo que contratar um amador quando precisamos do serviço de um profissional.

Podemos, por exemplo, comprar cartuchos recarregados mais baratos para as impressoras de nossa empresa, porém, a consequência disso pode ser um gasto ainda maior com manutenção ou compra de novas impressoras, pois, a utilização desse tipo de cartucho, normalmente, danifica o equipamento. Sabe aquele lote de canetas baratinhas que você comprou? Pois é, provavelmente seus funcionários jogam fora essas canetas toda semana porque elas estragam facilmente e vazam tinta.

Agora, imagine-se como um dono de supermercado. Você adquire milhares de produtos para vender em sua rede de lojas. Imagine, agora, se logo depois de colocar seus produtos à venda, você começa a receber reclamações e as pessoas começam a devolvê-los, porque boa parte da mercadoria não funciona ou se quebra com facilidade. Certamente, esse é um tipo de problema que nenhum empresário gostaria de ter, por essa razão, é que você deve ter uma preocupação com a compra de material tanto para uso interno de sua empresa, quanto para oferecer ao seu cliente.

Supondo, agora, que você seja um fabricante de automóveis, e você decida economizar recebendo um novo fornecedor não tão confiável. Esse fornecedor lhe fornece um componente importante para a fabricação do automóvel. Imagine se essa peça começa a dar problemas. Não preciso nem dizer que sua perda financeira será assombrosa e, como você já sabe, você terá que divulgar um recall nos meios de comunicação. Dei esse exemplo porque é um modelo muito grave de aquisição de produtos de má qualidade, pois esse erro pode ocasionar várias outras situações e afetar severamente muitas pessoas, já que a falha nos veículos pode ocasionar acidentes graves. Além disso, você teria que comprar novos componentes e praticamente começar tudo de novo. Certamente, uma falha como essa, de tal magnitude, pode ser desgastante para a imagem e reputação de sua organização e, com certeza, vai lhe trazer muita dor de cabeça.

O mesmo ocorre em outros ramos, como o alimentício. Se você fabrica biscoitos, por exemplo, você tem que ter a mesma preocupação com os produtos que adquire. Já pensou se você compra centenas de sacas de farinha de má qualidade, sem se importar com sua procedência? Essa falha pode causar problemas graves de contaminação. Esse tipo de atitude é tão prejudicial à sua empresa que pode, até mesmo, levá-la à falência.

A reputação de uma companhia está acima de tudo e, certamente, a qualidade dos seus produtos e serviços é a maior responsável por isso. Portanto, jamais negocie qualidade, tanto para produtos e serviços de uso interno quanto para revenda ou uso de matéria prima, caso contrário, você estará atraindo para sua empresa perda financeira e dano à reputação de sua companhia, além disso, o empresário tem que se preocupar com o bem-estar do cliente, oferecendo-lhe sempre o melhor.

Ansiedade para vender

Quando você encontrar vendedores ansiosos lhe oferecendo alguma coisa, pode ter certeza que o que ele está tentando lhe empurrar não é algo genuíno. Provavelmente, o produto ou a matéria-prima é falso, não tem qualidade ou está com problemas e a pessoa está querendo se livrar daquilo o mais rápido possível.

Quando o vendedor diz que aquele produto é a última peça ou faz descontos absurdos, impossíveis de se recusar, normalmente, essa atitude revela que o vendedor precisa se desfazer daquele produto o mais rápido possível; nesses momentos, toda cautela é pouca. Nesse tipo de situação o mais correto a fazer, dependendo do que você estiver adquirindo, é chamar um especialista para avaliar o produto.

A questão é, quando alguém estiver muito ansioso para lhe vender algo, mantenha a calma, não seda às ofertas tentadoras que ele vai lhe oferecer e, se possível, peça para um profissional do ramo avaliar sua aquisição, agindo assim, você evitará muitas situações complicadas para a sua empresa e, também, impedirá perdas financeiras.

Examine o que vai comprar

Toda vez que vou ao supermercado com minha mulher e compro saquinhos com laranjas-lima, daqueles saquinhos que parecem uma rede, minha esposa sempre me pergunta: "Você viu se as laranjas não estão estragadas?" O mesmo sempre acontece quando ela pega uma bandeja de ovos para comprar, ela cheira os ovos para ver se não estão ruins. Essa é uma atitude que aprendemos porque eu já perdi muitas laranjas e ela, muitos ovos.

Código de Conduta Para Ser Bem-Sucedido nos Negócios

Uma coisa é você perder laranjas ou ovos e, outra, bem diferente, é perder um carregamento inteiro com toneladas de farinha para fabricação dos biscoitos da sua empresa, não acha? Como empresários, devemos criar condições de inspecionar os produtos antes da aquisição. Essa simples atitude certamente pode evitar muitos transtornos.

Para desviar-se desse tipo de problema, uma boa iniciativa é: quando for adquirir um produto ou matéria-prima de um novo fornecedor, compre somente uma pequena quantidade como amostra, para experimentar e, somente depois que comprovar a qualidade, faça o pedido. Essa postura vai permitir que você fuja de problemas e ainda vai fazer com que o fornecedor se preocupe com a qualidade de seus produtos antes de lhe vender alguma coisa.

Dependendo da quantidade do produto que você vai adquirir, é importante, até mesmo, que você acompanhe a produção na origem, para garantir que tudo esteja sendo gerado de acordo com as suas especificações e com a qualidade que você precisa. No caso da matéria-prima, é prudente, se possível, verificar a procedência, ou seja, conferir onde e por quem a matéria-prima está sendo manufaturada ou de onde ela é extraída. Nessa etapa, se ocorrerem problemas, eles serão enormes e afetarão, talvez de maneira irreversível, a reputação e a imagem de sua companhia.

Para que uma companhia se torne realmente bem-sucedida e se destaque entre as demais, todo cuidado é pouco, devemos, realmente, ser meticulosos e inspecionar minuciosamente os produtos que estamos adquirindo, somente assim seremos capazes de garantir a qualidade que tanto almejamos e manteremos nossa boa reputação junto aos consumidores.

Mestre Gabriel Amorim

Examine o que foi entregue

Todos nós já sabemos que é melhor prevenir do que remediar, portanto, mesmo que você tenha inspecionado o produto ou matéria-prima antes de comprar, pode acontecer que na entrega eles não tenham a mesma qualidade, nesse caso, para garantir que esse tipo de inconveniente não ocorra, examine tudo novamente quando receber.

Uma boa medida que você pode adotar para evitar que você receba algo diferente do que comprou é não pagar o valor total antes de receber o produto. O ideal é combinar com o fornecedor para pagar uma entrada na hora da compra e o restante somente depois que receber o material e inspecionar os produtos. Tomando essas precauções, dificilmente você terá problemas com seus produtos.

Sobre ser esperto na aquisição de produtos

A esperteza é uma qualidade que deve ser inerente ao empreendedor, ora, se você não for esperto e quiser montar uma empresa, você deve pensar duas vezes antes de criar o seu negócio ou, então, você precisa começar de imediato a prestar mais atenção nos detalhes sobre ser um empreendedor e, assim, ficar esperto.

Como empresários, devemos ser astutos na aquisição dos produtos e matéria-prima para a nossa empresa, não podemos, de maneira nenhuma, passar por essa etapa sem dar a devida importância ao que é essencial para o bom funcionamento da nossa empresa. Podemos até pensar que estamos sendo "espertos" quando adquirimos produtos de baixa qualidade com o intuito de "economizar". Homens de negócios sérios não agem assim, porque sabem que, com essa atitude, podem arruinar sua companhia.

Cuidar minuciosamente dos detalhes na hora de comprar produtos ou matéria-prima para sua empresa é fundamental. A imprudência nessa etapa pode trazer sérias consequências para sua companhia. É por essa razão que você deve estar com o olhar atento ao processo de aquisição de material. Analise, avalie; não caia em promessas traiçoeiras, seja criterioso. Converse com seu fornecedor, construa uma boa relação com ele para que você tenha condições de ir até o local onde é fabricado o material que você vai adquirir para conferir se o que você pediu é de boa qualidade. Não tenha pressa e, principalmente, não queira dar uma de esperto. Aquele tipo de "esperto" que tenta dar um jeitinho para ganhar mais, essa escolha pode lhe trazer, a princípio, uma renda maior, mas, no futuro, com todos os problemas que essa atitude lhe trará, você certamente perderá o "lucro" que teve ao comprar um produto mais barato.

Seja o verdadeiro esperto na hora de adquirir o seu produto ou matéria-prima, siga as regras básicas, seja honesto, procure fazer o melhor, se você agir bem, é certo que você terá bons resultados e seu negócio crescerá tanto que você nem vai imaginar que foram essas simples atitudes que fizeram com que você prosperasse. Portanto, fique esperto!

Seja Perito na Análise de Negócios

    Quando as oportunidades de novos negócios surgirem, precisamos estar preparados para avaliá-las e tomar uma decisão mais oportuna. Para que possamos fazer essa avaliação de modo eficiente, temos que considerar, no mínimo, quatro aspectos. O primeiro enfoque tem relação com o tipo de negócio, o segundo está relacionado à oferta, o terceiro com a demanda e o quarto perfil está arrolado com aspectos que não estão sob o nosso controle, como, por exemplo, os efeitos político-governamentais sobre a manutenção do negócio ou as consequências da natureza sobre a produção.

    A maior parte dos fracassos ocorre porque a maioria das pessoas quando decide abrir seu novo negócio o faz por desespero ou porque perderam seu sustento, às vezes provenientes de alguém, ou porque foram demitidos ou, ainda, porque fracassaram no seu negócio anterior. O desespero pela perda da fonte de renda gera pressa em encontrar uma solução e quando essas pessoas se veem na rua da amargura, elas não raciocinam com sabedoria e acabam decidindo começar um novo negócio sem planejamento e prudência. Decisões como essa nunca devem ser tomadas com base em emoções como o desespero ou a raiva.

É melhor, mais divertido e, talvez, até mais barato, jogar roleta em um cassino do que montar um negócio sem planejamento. Ao abrirmos um novo empreendimento, no mínimo, devemos avaliar os aspectos supracitados. Abaixo você terá informações mais detalhadas a respeito desse assunto.

O tipo de negócio

A primeira análise que devemos fazer quando formos montar um novo negócio é se o modelo de empreendimento que desejamos está em ascendência ou queda. Esse é o primeiro aspecto que determinará o sucesso ou o fracasso do nosso negócio.

Vamos supor que você adora filmes, conhece todos os filmes atuais e antigos, vai ao cinema com frequência, assiste a muitos longas e séries na TV, conhece o nome dos autores, acompanha a premiação do Oscar, etc. O fato de você gostar muito de filmes não pode influenciar na sua decisão na hora de montar um negócio. Por exemplo, você jamais poderá abrir uma videolocadora, pois, como você já sabe, esse tipo de negócio está em queda e a tendência é desaparecer por completo. Naturalmente, você terá que encontrar outro viés se quiser entrar nesse ramo.

Da mesma maneira que você não montaria uma videolocadora, você não se arriscaria em abrir uma oficina para consertar máquinas de escrever ou telefones antigos, exceto se sua oficina fosse especializada no reparo ou restauração de antiguidades. Montar uma grande loja de antiguidades com diversos itens, possibilitando aos clientes encontrar aquilo que estão procurando, e que é raro, pode fazer muito sucesso.

É imprescindível analisar o tipo de negócio que você pretende montar, avalie se o ramo que escolheu está em expansão ou contração, isso pode evitar o fracasso de seu negócio. No entanto, o nível hard nesse caso, é ser capaz de prever que um determinado negócio pode fazer um sucesso estrondoso no futuro, como grandes homens de negócios já o fizeram. Como, por exemplo, Bill Gates, que previu que no futuro todos teriam um PC em sua casa e, fundou a Microsoft passando a distribuir Microsoft Windows para o mundo inteiro.

Efeitos da oferta

A oferta escassa ou abundante determinará se os preços serão altos ou baixos, nesse caso, não adianta nada o negócio estar em expansão, pois, se houver oferta em demasia no mercado você poderá vir a fracassar da mesma maneira, esse é um dos motivos pelo qual você deve avaliar muito bem esse aspecto antes decidir abrir um novo empreendimento.

Antes de decidirmos montar um novo negócio temos que analisar minuciosamente o mercado para verificar se existe pouca ou muita oferta do produto ou serviço que pretendemos oferecer e somente depois disso é que devemos tomar a decisão; se não for assim, você corre o risco de montar um negócio que já está saturado no mercado.

Quando há muita demanda de um mesmo produto ocorrem dois problemas graves, o primeiro é a pouca procura e o segundo é que, independentemente da procura, o preço que você conseguirá cobrar será sempre baixo, mesmo que a qualidade de seus produtos e serviços seja superior à dos demais.

Quando decidirmos montar um novo negócio, devemos garantir que ainda existe espaço suficiente no mercado para o tipo de produto ou serviço que pretendemos oferecer, caso contrário, estaremos fadados ao fracasso. Portanto, uma análise meticulosa do mercado tem um enorme valor para garantir que o empreendimento alcance o sucesso, mantendo sempre o nosso negócio saudável.

Efeitos da demanda

Uma demanda forte ou fraca determinará se os preços irão subir ou cair, assim, independentemente de o negócio estar em expansão ou contração ou se existe oferta em demasia ou não, se a demanda for fraca ou inexistente o empreendimento não prosperará, nesse caso, é fundamental que consideremos, também, esse aspecto antes de abrir um novo negócio.

Toda empresa é configurada para atender um determinado segmento de mercado. O tamanho da demanda para um determinado tipo de produto ou serviço será considerado bom ou ruim dependendo do público alvo ou da exclusividade do produto ou serviço. Por exemplo, segundo o chefão da Ferrari, Luca Di Montezemolo, no ano de 2013 foram vendidos 6.992 carros, porém a marca fechou seu caixa com lucro de 1,36 bilhão de euros nesse ano. Essa quantidade de veículos é uma demanda forte em se tratando de uma Ferrari, mas, é muito fraca para qualquer tipo de carro popular.

Garantir que exista demanda para o produto ou serviço que pretendemos oferecer, avaliar se ela é forte ou fraca e se sua tendência é aumentar ou diminuir é um aspecto sobre o qual devemos colocar um olhar mais atento antes de começarmos um novo negócio. Tanto o sucesso do empreendimento quanto sua saúde dependem disso, já que a demanda é o que irá determinar se os preços vão subir ou cair. Portanto, esse aspecto não pode ser negligenciado, ou não teremos aquilo que mais a nossa empresa necessita que são os clientes.

Efeitos da dependência

Um homem de negócios precisa ser capaz de garantir que seu empreendimento consiga sobreviver independentemente dos efeitos da natureza ou de ações político-governamentais.

O efeito dos fatores naturais cria sérios problemas aos negócios. O empreendedor precisa estar atento a esse tipo de consequência. Ele tem que ser capaz de prever as implicações da natureza sobre a sua produção, caso contrário, estará fadado ao fracasso, por outro lado, se o empresário for hábil, poderá tirar vantagem disso.

Por exemplo, vamos supor que você trabalha com plantio de feijão e que sabe que a previsão meteorológica para o ano será favorável para uma boa safra. Nesse caso é sábio plantar mais do que o de costume, principalmente se você souber que a safra de outra região será prejudicada, se isso ocorrer, você pode vender seu feijão mais caro para essa outra região. Por outro lado, um comerciante hábil sabendo que os preços em sua região foram afetados pelos efeitos do tempo, pode adquirir produtos mais baratos em outra região e vendê-los mais caro na área onde está localizado. O que não pode acontecer é não estar atento aos fatores naturais, se o seu negócio depende disso. O empreendedor desse tipo de ramo tem que estar preparado para toda espécie de efeitos naturais. É claro que às vezes acontecem imprevistos fatais, de qualquer forma, é imprescindível que o empreendedor que tenha um negócio que esteja ligado aos efeitos da natureza tenha um olhar à frente, ele precisa agir como se fosse um radar humano para identificar as possibilidades, independente das condições climáticas.

A respeito dos efeitos político-governamentais cabe-nos refletir sobre o seguinte aspecto: se o negócio que pretendemos montar depende do governo e pode sofrer com decisões políticas, temos que analisar qual será o efeito disso no nosso empreendimento. Se for o caso, será necessário estruturar nosso negócio de maneira que a empresa não esteja sujeita exclusivamente a fatores governamentais. Dessa forma, garantiremos nossa sobrevivência caso algo muito grave aconteça em termos políticos. Depender de um único cliente pode ser fatal para o nosso negócio, ou seja, estar vinculado apenas ao governo é um risco muito grande, pois, a direção pública pode ser muito instável. Um empresário deve ter cautela e cuidar de seu negócio a ponto de garantir que sua empresa não esteja amarrada exclusivamente a autarquias governamentais, pois, isso pode o afetar de maneira trágica.

Sobre ser perito em analisar negócios

Um empresário precisa estar atento aos fatores que o cercam para que ele seja capaz de tocar o seu empreendimento independentemente do que ocorre fora do seu contexto. Não é à toa que homens de negócios de sucesso chegaram ao topo, com certeza, eles encararam cada etapa do processo para definir o segmento que os levaria ao sucesso. Tudo pode ter começado com um sonho, mas, a partir daí toda análise e pesquisa que se fez necessária certamente foi levada em conta. Um grande negócio só se estrutura e se consolida quando consideramos os aspectos que têm força sobre ele, ou seja, fatores externos que podem derrubar ou alavancar nosso empreendimento de uma hora para outra.

É evidente que, como empresários, temos que olhar atentamente para o que está acontecendo no mercado, se há demanda, se há oferta e em que tipo de negócio nós devemos investir. A ingenuidade não cabe aqui. É necessário que o empreendedor se previna, ele precisa ser vigilante, ter uma visão além dos limites, ele tem que prestar atenção nas minúcias do empreendedorismo, só assim seu negócio prosperará.

Seja um Empresário Modelo

Se tornar um empresário modelo significa revelar-se um exemplo digno de ser copiado. Portanto, é importante que cuidemos de nossa conduta, afinal nosso comportamento tem forte influência sobre a cultura da organização.

A base da cultura de uma companhia tem sua estrutura constituída nos princípios, na conduta, nas atitudes e ações de seu fundador, isso reflete, gradativamente, nos colaboradores. Se uma empresa tem como tradição atitudes que não sejam honestas, que sejam malconduzidas e egocêntricas, essa companhia trabalhará em plano médio a inferior; a empresa não irá se desenvolver como deveria, pois, sua equipe estará desmotivada e o empreendimento pode até mesmo vir à ruina.

Empresários modelos são imitados por líderes de outras companhias, eles são seguidos por seus funcionários e respeitados pelas demais pessoas, isso ocorre porque seu sucesso, sua conduta e suas atitudes mediante a situações diversas são impecáveis. Foi por essa razão que me debrucei com mais afinco sobre o capítulo deste livro que fala a respeito do caráter e da virtude, pois, essas são qualidades importantíssimas para o sucesso de uma pessoa e de uma empresa.

Construa a cultura de sua empresa

Não espere pelo tempo, defina os parâmetros pelos quais você quer que sua companhia se torne conhecida. Você tem um amplo leque de opção para fazer com que isso aconteça, como, por exemplo, oferecer produtos e serviços de qualidade, prestar um bom atendimento, cumprir com os prazos, proporcionar confiança, respeitar o público, respeitar seus colaboradores, respeitar a natureza, etc.

Os princípios de uma companhia devem ser conhecidos por toda a corporação, assim, é preciso que eles sejam constantemente divulgados dentro da empresa. Quando um funcionário começa a trabalhar na empresa, a primeira coisa que ele deve tomar conhecimento é os princípios que constroem a cultura da organização, assim, ele estará pronto para se introduzir na equipe e realizar um trabalho de excelência.

Ter um quadro no qual estejam escritos todos os princípios da companhia não vai fazer com que esses preceitos se tornem a cultura da empresa. Como veremos a seguir, o que fará com que os parâmetros definidos como princípios se transformem na cultura da companhia são as ações, ou seja, as ações devem refletir o que dizem as palavras.

Lidere através de exemplos

A tradição ou cultura de uma companhia não pode ser imposta, ela é o resultado da constância nas ações da corporação ao longo dos anos, especialmente, as ações e atitudes do principal líder da empresa.

A postura de um líder sempre fala mais alto do que suas palavras, por isso que a pessoa que está na liderança deve agir de acordo com o que prega a seus funcionários, se não for assim a empresa terá uma cultura contraditória, até mesmo oposta à desejada e, naturalmente, isso não é bom.

A cultura da TSKF está pautada na edificação de pessoas. Edificar pessoas significa destacar suas qualidades, ressaltando tudo o que fizeram e fazem de bom. Nesse sentido, nossos sócios têm como regra não sair por aí falando bem de si mesmos, esse tipo de atitude seria ridículo, nesse caso, eu, como Mestre, faço isso por eles em todas as oportunidades em que posso exaltar o trabalho deles, logo, eles fazem o mesmo por mim.

Edificar pessoas também significa ajudá-las a conseguir o que querem. Por essa razão, na TSKF, nós sempre ajudamos, e sempre ajudaremos, todos os alunos que merecem a montar sua própria unidade e, assim, se tornarem nossos sócios. É a velha história da tartaruga, se você a vir em cima de um poste, tenha certeza de que ela não chegou lá sozinha, é por isso que ajudamos as pessoas que merecem a conseguir o que querem.

O slogan da TSKF é "Equilíbrio em todos os sentidos", portanto, usamos o Kung Fu como uma ferramenta de desenvolvimento humano para, através do trabalho do corpo, termos condições de nos equilibrarmos como um todo. Nesse sentido, valorizamos nosso código de conduta que é baseado, principalmente, na tradição, na honestidade, no respeito e na confiança.

O alicerce que vai definir a cultura de uma empresa começa com o líder. Na TSKF ninguém jamais me ouviu dizer que faria alguma coisa e não fiz. Cumprir a palavra é parte da confiança, portanto, levamos nossos princípios até as últimas consequências é por isso que, como diz a famosa frase do desenho do Pica-Pau, um pouco modificada: "Em todos esses anos nessa indústria vital, isso jamais aconteceu".

Outro item que levamos a sério na TSKF é a pontualidade. Pontualidade tem a ver com honestidade e respeito. Quando chegamos atrasados a um compromisso estamos sendo desonestos, pois, pessoas honestas cumprem com a sua palavra. Além disso, também estamos faltando com o respeito, tanto com quem está nos aguardando quanto com todos os demais que chegaram no horário. Foi pensando nisso que a TSKF adotou o seguinte procedimento para qualquer tipo de evento: em uma aula não são os alunos que esperam pelo Mestre é o Mestre quem espera os alunos. Em um campeonato não são os atletas, nem o público, que espera o evento começar, somos nós, os organizadores, que esperamos o horário de começar. Nossa academia já apresentou várias peças teatrais e no dia dos eventos fomos nós que esperamos o público e não o público que nos esperou. Eu não chego atrasado, nunca... "Em todos esses anos nessa indústria vital, isso jamais aconteceu". Portanto, para que uma cultura seja construída, o exemplo deve começar a partir do líder.

Se você deseja se tornar um empresário modelo, comentado, respeitado e imitado, comece demonstrando através de suas ações e atitudes aquilo pelo qual você deseja ser reconhecido. Os filhos imitam os pais, assim, dentro de sua empresa, haja com seus funcionários como se estivesse criando seus próprios filhos. Isso não elimina, mas, diminui a chance de surgirem maus colaboradores.

Sobre ser um empresário modelo

A base para se tornar um empresário modelo está na coerência entre o que se fala e o que se faz. Um homem de sucesso tem coesão em suas palavras. Ele é convicto do que fala e honra com seus compromissos. Uma pessoa que fica em cima do muro, que diz uma coisa e faz outra, dificilmente irá conseguir atingir o sucesso, ela pode levar a situação em banho-maria, pode, também, maquiar a realidade por determinado tempo, porém, certamente, no futuro, essa pessoa vai cair do cavalo.

Assim como os relacionamentos, os negócios precisam estar amparados na confiança, se não há credibilidade, não existe firmeza, é como construir uma casa sobre um fundamento composto de areia, uma hora ela vai desabar.

A cultura de sua empresa precisa ter uma fundação sólida, para tanto, você, como empresário, deve agir de maneira correta e colocar seus princípios no topo da sua companhia para que seus colaboradores e todas as pessoas envolvidas com você se baseiem nas suas atitudes; essas pessoas precisam orgulhar-se de você, elas têm que ver em você alguém em que elas possam colocar sua confiança, alguém de quem elas tenham orgulho e se sintam felizes em seguir.

Um homem de negócios modelo é aquele que as pessoas olham e admiram. Quando o público sai por aí falando bem de você é porque você conseguiu, através de suas ações, mostrar para as pessoas que você é digno de confiança e é capaz, eficiente e autossuficiente. Quando a pessoa é, ela não precisa dizer que é, pois, suas atitudes certamente vão apontar que tipo de sujeito está diante da sociedade. Um indivíduo que tem necessidade em dizer que é o chefe, que é o presidente, provavelmente não tem uma boa conduta e isso faz com que ele se torne inseguro, assim, ele tenta provar, através das palavras, que é alguma coisa.

Portanto, tenha uma boa conduta, mantenha sua índole intacta, faça o melhor por sua empresa e por sua equipe, seja um cidadão honesto, seja um bom exemplo, desse modo a cultura de sua companhia será impecável e esteja certo de que isso lhe trará os melhores frutos do mercado.

Seja Prudente com Investimentos

Fazer novos investimentos para nossa empresa não é tão simples assim. Ações como mudar a empresa de endereço, abrir uma nova filial, substituir nossa tecnologia por uma mais moderna, lançar um novo produto, modificar algum tipo embalagem, etc. podem determinar o sucesso de uma companhia, mas, também, podem provocar o fracasso total da empresa, é por esse motivo que qualquer tipo de investimento deve ser cuidadosamente pensado para que o novo empreendimento traga os resultados esperados pelo investidor.

As decisões que envolvem investimento financeiro nunca podem ser baseadas em achismo ou aposta. Por exemplo, dar ouvidos a reclamações não embasadas da diretoria ou de funcionários só porque eles acham que algo deveria ser mudado não devem ser levadas a cabo sem um devido estudo de viabilidade.

É certo que novos investimentos são sempre necessários para o crescimento da companhia, porém, se o empreendedor não realizar todos os estudos necessários antes de tomar a decisão sobre o novo processo para a melhoria de sua empresa, ele pode provocar sérios desastres financeiros; a reputação de sua companhia pode cair catastroficamente e se tornar irreparável ou, ainda, a empresa pode vir à falência. São vários fatores que estão envolvidos nessa iniciativa, portanto, todo cuidado é pouco antes de escolher o caminho para um novo investimento que envolva grandes quantias de dinheiro. Nesse caso não se pode arriscar, o empresário deve ter os pés no chão e planejar muito bem cada passo para o novo empreendimento, a probabilidade de perdas deve ser avaliada, a margem de erro deve ser mínima, todos os cuidados têm que ser tomamos para proteger seu patrimônio, agindo assim, com cautela e paciência, o lucro será certo.

Planeje com paciência

Ao investirmos em um novo empreendimento devemos analisar todas as variáveis existentes e suas possíveis consequências antes de optarmos por ir em frente. Agir precipitadamente pode causar perdas financeiras irreversíveis e, até mesmo, pode levar a nossa empresa à falência.

Vamos supor que você decida mudar sua empresa de localidade. Esse é um exemplo que parece simples, mas, não é. Mudar uma empresa de endereço necessita de um minucioso planejamento, se não for assim, você pode se deparar com sérios problemas. Nesse caso é preciso, no mínimo, analisar se conseguiremos um novo alvará ou uma nova licença de funcionamento para o novo local. O zoneamento para onde pretendemos ir permite nosso tipo de negócio? O novo endereço está sujeito a risco de desapropriação? O prédio tem problemas de estrutura? Existe risco de enchente no local? Acredito que você possa imaginar o que aconteceria em termos de perda financeira caso você mudasse sua empresa para um lugar e depois descobrisse que não poderia ter montado seu negócio naquela localidade. Por isso, todos os detalhes devem ser cuidadosamente analisados. Além disso, você ainda tem que analisar o novo ponto, verificar se é bom ou ruim em termos de saturação, oferta, demanda, etc. Se você não tomar todas essas precauções seu faturamento pode diminuir tanto que sua empresa fica sujeita a quebrar. Há muitos elementos que podem inviabilizar o seu negócio no novo local, é por essa razão que um homem de negócios de visão é cauteloso na hora de tomar uma decisão como essa.

Outra situação importante que devemos observar quando vamos investir em algo é se dependemos de outra pessoa para que o investimento se concretize. Devemos ter certeza de que a decisão final para concretizar o novo empreendimento está totalmente sob o nosso controle, caso contrário, podemos sofrer terríveis perdas financeiras.

Recentemente, eu mesmo passei por uma situação que gerou sérios prejuízos. Em 2013, decidimos que já estava na hora de nos tornarmos internacionais. Resolvemos, então, abrir nossa primeira filial nos Estados Unidos. Depois de observar por muitos anos como o Kung Fu era ensinado por lá, tive certeza de que faríamos muito sucesso com o nosso modelo de trabalho e método de ensino no novo País.

Foi assim que, em novembro desse ano, eu e meu sócio Rafael Garcia viajamos para a cidade de Milwaukee com o objetivo de encontrar um bom ponto para montar nossa primeira unidade no exterior. E não é que em uma semana encontramos o local! Na verdade, encontramos um lugar perfeito. Voltamos para o Brasil, pensamos e resolvemos fechar um contrato por cinco anos com o proprietário do imóvel, com previsão de renovação para mais cinco anos. E assim fizemos.

Parte do processo era conseguir um visto de permanência para o Shifu Rafael, assim, como todo cuidado é pouco, nós resolvemos que seria melhor contratarmos uma empresa americana para tratar desse procedimento. Segundo a empresa, eles nunca tinham perdido nenhum caso, ou seja, todas as vezes que se envolveram em processos dessa natureza conseguiram o visto para o cliente. Optamos, então, por acatar uma das sugestões da empresa que era abrir primeiro a academia para depois solicitar o visto. Segundo eles, se fizéssemos isso, a garantia de conquistar o direito do visto seria muito maior.

Muitos meses depois e milhares de papeis enviados para os Estados Unidos, o escritório que tínhamos contratado faliu e nos indicou outra empresa para continuar o processo. Eles nos prometeram devolver o dinheiro que havíamos gasto com eles, mas, nunca o fizeram. O novo escritório assumiu o processo em setembro de 2014, porém, o visto foi negado por duas vezes, sendo que a última foi em 26 de janeiro de 2015, ou seja, mais de um ano após termos iniciado o processo.

Nosso contrato de aluguel não previa multa caso precisássemos cancelá-lo por não ter conseguido o visto, entretanto, por outro lado, estava previsto que teríamos que pagar por toda a obra realizada no local. Pagamos tudo o que devíamos e assim terminou nossa esperança de montar a primeira filial fora do Brasil.

Nesse projeto investimos e perdemos cerca de cem mil dólares. Pode parecer pouco para uma empresa de grande porte, mas, para uma academia de Kung Fu é um valor exorbitante. O maior resultado que obtivemos nesse projeto foi o aprendizado e nossa maior lição foi nunca fazer um negócio sem ter o controle de todas as decisões.

Como nosso lema é "desistir nunca, render-se jamais", montamos nossa filial na cidade de Fortaleza e já estamos planejando abrir na Espanha, agora, munidos de mais experiência.

Analise a situação do mercado

Saber como está à situação atual do mercado no setor com o qual trabalhamos antes de tomarmos novas decisões de investimento é fundamental para que o novo empreendimento seja bem-sucedido.

Por exemplo, no caso de abrir uma nova filial, além de analisar todos os fatores que já mencionei anteriormente, é necessário avaliar se o mercado suporta outra empresa do mesmo seguimento. Pode ser que o mercado esteja aberto a isso, mas, será que no local onde pretendemos abrir a filial a concorrência não é forte demais? Isso dificultaria as chances da nova unidade obter sucesso. Não é aconselhável, por exemplo, abrir uma filial em um local próximo à nossa sede. Essa iniciativa faria com que a sede vampirizasse a filial ou uma filial vampirasse a outra. Nesse caso, é necessário fazer um estudo de viabilidade para descobrir se a distância de uma unidade para outra não causaria problemas para ambas.

Outro fator importante, que não pode ser esquecido, é a situação econômica do País. Pode ser que a demanda esteja reprimida para o nosso tipo de produto ou serviço por causa da situação do País. Por exemplo, se o nosso tipo de produto ou serviço for do tipo considerado supérfluo, ou seja, são produtos ou serviços que podemos passar sem eles.

É melhor investir tempo e dinheiro para descobrir se a situação do mercado está favorável ou não do que tomar uma decisão precipitada e acabar descobrindo que a vaca foi para o brejo.

Analise a tendência de mercado

Ao decidirmos investir em outros setores que não o nosso, é importante analisarmos as tendências de mercado. Caso contrário, podemos investir em algum tipo de produto ou serviço que ninguém mais está interessado.

A tendência de mercado é um fenômeno normalmente ditado pelo que acontece na mídia de uma maneira geral. Por exemplo, se constantemente os meios de comunicação estão noticiando fenômenos como aquecimento global, a tendência será de que muitas pessoas comecem a usar produtos que não agridam o meio ambiente. Nesse caso se você decidir por investir num produto ou serviço oposto a essa inclinação certamente você terá problemas de aceitação e estará fadado ao fracasso.

Como sabemos, a tendência da moda, por exemplo, quase que exclusivamente é ditada por grandes corporações através de grandes estilistas que se baseiam no que observam nas ruas ou, simplesmente, pelo que determinam ser belo nos seus próprios conceitos. Portanto, supondo que sua empresa decida investir no ramo de moda, naturalmente você deve estar antenado com as novas tendências da moda antes de começar seu novo negócio.

Sobre ser prudente com investimentos

Rei Salomão já unia prudência à sabedoria, quando afirmou "Eu, a sabedoria, habito com a prudência, e acho o conhecimento dos conselhos". Manter a vigilância sobre aquilo que planejamos certamente é a coisa mais apropriada a se fazer. Um empresário não pode basear-se na insensatez, ele precisa ser cauteloso com relação às suas decisões, principalmente, quando as novas resoluções mexem diretamente com as finanças da companhia. Ser sábio é ser prudente e quando se trata de novos investimentos essas duas qualidades devem andar sempre de mãos dadas.

O sábio planeja, se organiza, se previne. No mundo dos negócios não se pode tomar vãs decisões, é inviável fantasiar situações e começar a agir em cima do imaginário. Um bom empreendedor tem os pés fincados ao chão, ele analisa todas as possibilidades antes de entrar em uma nova empreitada e só vai adiante quando enxerga lá na frente, quase que prevendo o futuro.

Quando narrei o ocorrido na ocasião em que tentamos montar nossa primeira filial internacional minha intenção era, justamente, apontar para as falhas que tivemos nessa situação, falhas essas que não podem acontecer, pois, como vocês puderam observar, tivemos um prejuízo enorme. Éramos marinheiros de primeira viagem e, também, fomos vítimas da má-fé da empresa na qual confiamos o processo do visto. Assim, como já mencionei, esse episódio nos serviu como aprendizado e aqui, neste livro, meu objetivo é justamente esse, é ensinar qual o melhor caminho para que qualquer empresário seja bem-sucedido, seja qual for o segmento que ele tenha escolhido. Como disse Salomão no pensamento lembrado no início desta conclusão: "...acho o conhecimento dos conselhos", se você souber aproveitar os ajuizados conselhos expostos aqui, neste Código de Conduta, certamente você será bem-sucedido nos novos investimentos da sua organização.

Seja Um Bom Comunicador

No Best Seller "Como Fazer Amigos e Influenciar Pessoas", escrito por Dale Carnegie, ele afirma que "A facilidade de expressão é meio caminho andado para se sobressair. Põe o indivíduo em foco, eleva seus ombros e sua cabeça acima da multidão. E o homem que sabe falar bem consegue, em geral, ainda mais crédito do que realmente possui".

Observe que Dale Carnegie menciona o ato de falar bem, porém, eu substituiria "falar bem" por "se comunicar bem", isso porque a comunicação é muito mais ampla do que o falar. Estudos revelam que no processo de comunicação 7% tem a ver com as palavras, 38% com o nosso tom de voz e 55% com a nossa linguagem corporal.

Se prestarmos bem atenção à nossa volta perceberemos que, na maioria das vezes, o melhor profissional da nossa cidade não é aquele que é tecnicamente melhor, mas, sim, é aquele que se comunica com seus clientes com propriedade, ou seja, tem o talento para a comunicação. O médico mais habilidoso não é aquele que tem mais conhecimento, mas, sim, é aquele que se comunica melhor com seus pacientes. O advogado mais sagaz não é aquele que conhece as leis a fundo, mas, sim, é aquele que tem a mais alta aptidão para se comunicar com o juiz e com os jurados e assim por diante. Assim, como empresários, precisamos nos tornar bons comunicadores, pois, é isso que vai fazer com que alcancemos o sucesso.

A comunicação é um assunto extremamente complexo, por isso a intenção deste livro não é a de ensinar a melhor forma de se comunicar, mas, é apontar o quanto a comunicação é importante no mundo dos negócios. Minha intenção é incentivá-lo a buscar esse conhecimento e se aprofundar no assunto. Entretanto, não será por isso que deixarei de dar algumas dicas que irão facilitar e melhorar sua comunicação como um todo.

No subcapítulo "Como julgar o caráter de funcionários", do capítulo intitulado "Seja Um Bom Juiz de Caráter" eu ensinei um pouco sobre os tipos e temperamentos humanos e mostrei como esse conhecimento é importante para entender as pessoas e julgar o seu caráter. Porém, o conhecimento dos tipos e temperamentos humanos pode ser usado em qualquer situação e, principalmente, na hora se comunicar, pois, saber lidar com os tipos e temperamentos humanos vai lhe auxiliar a ter uma excelente comunicação com qualquer pessoa.

Como eu já mencionei, os quatro temperamentos humanos têm relação com os quatro elementos da natureza (Fogo, Água, Ar e Terra), com as quatro estações do ano (Verão, Inverno, Primavera e Outono), com os quatro tipos de emoções primárias (Raiva, Medo, Alegria e Tristeza), com as quatro cores primárias (Vermelho, Verde, Amarelo e Azul), com as quatro operações da matemática

(Divisão, Soma, Multiplicação e Subtração), com a neurolinguística (Verbo, Substantivo, Adjetivo e Interjeição); com as quatro maneiras de se relacionar com o tempo (Presente, presente passivo, futuro e passado) e com os quatro reinos da natureza (Animal, Vegetal, Hominal e Mineral).

Todos nós somos diferentes, portanto, não devemos tratar todas as pessoas da mesma maneira, temos que nos atentar para o fato de que precisamos tratar as pessoas da maneira como cada uma gostaria de ser tratada. Dessa forma, não podemos lidar com uma pessoa do temperamento colérico como se ela fosse do temperamento fleumático, sanguíneo ou melancólico e vice-versa; se agirmos assim nós não conseguiremos nos fazer entender adequadamente e, no mínimo, vamos afugentar as pessoas com quem estamos tentando nos comunicar. Por essa razão é de suma importância que reconheçamos cada tipo de temperamento humano para que possamos melhor nos comunicar. Esse é um conhecimento imprescindível para quem deseja ter o poder da comunicação nas mãos.

Como vocês puderam observar, os temperamentos humanos estão ligados à Neurolinguística. Isso significa que cada tipo de temperamento está unido a uma das classes que envolvem as palavras, ou seja, o Verbo, o Substantivo, o Adjetivo e a Interjeição. Portanto, para nos comunicarmos melhor com cada um dos quatro tipos de temperamentos precisamos utilizar a Neurolinguística que cada um deles mais se identifica. Usando o mesmo tipo de linguagem que cada um deles utiliza chegaremos com mais facilidade em seus cérebros e consequentemente em seus corações.

Código de Conduta Para Ser Bem-Sucedido nos Negócios

Dançando conforme a música.

O tipo colérico é naturalmente um líder, por isso ele utiliza muito verbo para se comunicar, assim sendo, quando estivermos conversando com um colérico precisamos usar mais verbos, falando com ele, basicamente, como ele mesmo costuma dialogar. Além disso, o tipo colérico está ligado ao tempo futuro, assim, o colérico gosta de fazer planos, por essa razão ao tratarmos com o colérico não é conveniente falarmos do passado, mas, sim, do futuro.

O tipo fleumático é o oposto do colérico. Ele é parado, gosta da boa vida e principalmente de comer bem, portanto, seu tipo de palavra são os substantivos, principalmente aqueles que têm mais a ver com o que ele se identifica que é a comida. Nesse caso, se você usar substantivos que se relacionam com alimentos, você vai conquistar o fleumático. Logo, ao conversamos com fleumáticos devemos dar ênfase aos substantivos, principalmente, aqueles que são de sua preferência. Falar do futuro com o fleumático não é muito sensato, já que ele é ligado ao presente passivo. Outra característica desse tipo de temperamento é que ele prefere ser convidado para conversar em um almoço ou um jantar.

O tipo sanguíneo gosta de viver a vida, ele gosta de se divertir, de viajar, de passear etc. Seu tipo de palavra é o adjetivo. Os sanguíneos gostam de utilizar palavras como: lindo, maravilhoso, cheiroso, gostoso e assim por diante. No que diz respeito ao tempo, o tipo sanguíneo está ligado ao presente ativo, portanto, tudo para ele tem relação com o aqui e o agora. Nada de passado, nada de futuro, mas, sim o aqui e o agora. Portanto, ao se

Mestre Gabriel Amorim

comunicar com um sanguíneo fale sobre coisas alegres, pois, assuntos tristes e relacionados ao passado o aborrecem.

O tipo melancólico, como o próprio nome já diz, é melancólico, introspectivo, minucioso, detalhista, ele é basicamente focado em um único assunto ou situação, ele não se envolve com mil coisas ao mesmo tempo. O melancólico gosta muito de usar as interjeições, como, por exemplo: "Oh vida! Oh céus! Oh dor! Oh azar!". Ele tem uma profunda ligação com o tempo passado, desse modo, falar do aqui e agora com o melancólico só se for sobre alguma desgraça. Para ele, o futuro a Deus pertence; e o presente passivo também não tem a ver com ele, pois, interiormente o melancólico é um verdadeiro vulcão prestes a explodir. Sendo assim, é conveniente conversar com o melancólico sobre coisas do passado: como tudo era melhor, era mais tranquilo, como a poluição era melhor, como as pessoas eram mais honestas e assim por diante.

De maneira geral, gostamos de pessoas iguais a nós, assim, para nos comunicarmos melhor com qualquer tipo de pessoa devemos nos adaptar ao seu tom de voz e à velocidade como ela fala, ou seja, se elas falam mais baixo devemos abaixar nosso tom de voz; se falam mais alto, aumentemos um pouco mais a nossa voz; se elas falarem devagar, devemos diminuir a velocidade da nossa fala e assim por diante.

É sabido que 40% dos negócios são perdidos no primeiro aperto e mão. O aperto de mão também é uma linguagem e diz muito sobre nós. Cada tipo de temperamento tem um aperto de mão particular, porém, nesse caso, minha dica é que você deve dançar conforme a música, ou seja, se alguém apertar sua mão mais forte, aperte com mais força e assim por diante. Lembre-se, gostamos das pessoas que são iguais a nós.

Como empresários, nós iremos tratar com muitos tipos de pessoas, como, por exemplo, nossos colaboradores, nossos fornecedores, clientes, etc., se não nos tornamos bons comunicadores jamais conseguiremos fazer com que todas essas pessoas compreendam exatamente o que queremos ou o que gostaríamos que elas fizessem.

Estamos vivendo na época da informação, entretanto, a informação só é válida se for comunicada corretamente. Informação parada não vale nada, consequentemente, se não soubermos nos comunicar eficazmente não seremos bem-sucedidos. A comunicação não é somente essencial, mas, sim, é uma ferramenta preciosíssima nesse quesito. As pessoas mais bem-sucedidas sabem perfeitamente a importância da comunicação e a usam de modo engenhoso para conquistar aquilo que desejam.

Sobre ser um bom comunicador

Nos dias de hoje, temos que saber lidar com a velocidade da informação. Os fatos mudam a cada segundo e quem não estiver ligado acaba ficando fora de órbita e, naturalmente, isso não é nada bom. Um bom comunicador sabe disso melhor do que ninguém e usa essa faceta a seu favor. Mas, não basta apenas ser rápido em passar a informação, é preciso, também, saber a melhor forma de fazer isso. Algumas pessoas já vêm com esse dom, o de se comunicar perfeitamente bem, tão bem que convencem qualquer um a fazer qualquer coisa. Outras não nasceram com essa dádiva, mas, nem tudo está perdido; essas pessoas que não têm habilidade de se comunicar podem usufruir de recursos que vão ajudá-las nessa área. Para tanto, basta estar atento ao outro, ou seja, não importa se você é o emissor ou o receptor da mensagem, o que vale é que você observe o indivíduo com quem você está falando ou ouvindo, ou seja, que você saiba analisar o tipo de temperamento dessa pessoa. O conhecimento sobre os tipos e temperamentos humanos é uma ferramenta essencial para nos comunicarmos bem, além de ser fantástico o fato de conhecermos de modo profundo a natureza humana.

Ser um bom comunicador é quase que o ápice do seu negócio. É fundamental que você siga o passo a passo que tenho exposto a cada capítulo deste livro, mas, se você entender o que é uma boa comunicação você vai longe. Muitos empresários souberam usar a comunicação a seu favor e isso fez com que eles se tornassem homens de negócios bem-sucedidos. A palavra, escrita ou falada é o que rege nossa sociedade. Ela tem tamanha importância que não pode ser lançada ao vento sem o devido trato. Por essa razão, é imprescindível que o empresário se atenha a essa questão. O empreendedor deve ter o cuidado na hora de se expressar; ele precisa olhar à frente e escolher cuidadosamente as palavras. O homem de negócios precisa eleger a melhor maneira de se comunicar com as pessoas que têm relação com o seu negócio para que as coisas fluam bem e ele tenha um retorno favorável.

Se quisermos que o nosso empreendimento seja bem-sucedido temos que aprender a nos comunicar, caso contrário, podemos colocar muita coisa a perder, mas, se soubermos usar a comunicação de maneira eficaz levaremos o nosso negócio ao topo.

Não Seja Mesquinho

Pessoas mesquinhas acreditam que se perderem o que conquistaram nunca mais conseguirão recuperar. Elas creem que no universo não existe o suficiente para todos, por causa disso, com medo de perder, não investem em seu negócio, como consequência acaba acontecendo justamente o que mais elas temem: a falência por falta de investimentos e inovação.

Empresários sovinas não dividem as suas conquistas, por causa disso, eles acabam transmitindo uma imagem desagradável de si mesmos. Esse tipo de comportamento gera ressentimento na sociedade e, consequentemente, as pessoas se tornam resistentes com relação a esse tipo de indivíduo e isso faz com que raramente empreendedores mesquinhos obtenham sucesso.

O caminho em direção ao sucesso é pavimentado pela sociedade, isso significa que todo empresário, para alcançar o sucesso, deve estar preparado para ajudar a comunidade, isso vai fazer com que seus negócios cresçam, caso contrário, por uma ação do universo ou pelo ressentimento das próprias pessoas, por causa da falta de retribuição, o empreendedor mesquinho pode acabar perdendo tudo. Como eu sempre digo: "Ao beber água, convém pensar na fonte". Como empresários, podemos ajudar a sociedade de muitas maneiras, basta que tenhamos boa vontade e saibamos fazer a coisa certa.

Seja generoso

Ser generoso é ajudar a sociedade ou alguém doando alguma coisa ou resolvendo algum problema, mesmo sabendo que o grupo ou a pessoa não precisa de ajuda.

Empresas e empresários bem-sucedidos reconhecem a importância do papel da sociedade para a conquista de seu sucesso, portanto, eles compreendem a relevância em retribuir à comunidade.

Atitudes como doar para fundos de ajuda a pessoas envolvidas em desastres; compartilhar custos de projetos públicos para construção de pontes ou reparos de estradas são algumas das formas de servir à comunidade; é muito comum vermos na mídia tanto empresas como pessoas de sucesso praticando esse tipo de generosidade. Esses indivíduos não ignoram o papel do governo em ações como essas, mas, mesmo assim, fazem questão de ajudar e é isso que faz a diferença.

O novo Prefeito de São Paulo, João Doria Junior, eleito em 2016, é um bom exemplo disso. Como multimilionário ele não precisaria se tornar Prefeito, porém, Doria quis ajudar São Paulo e a melhor maneira que ele encontrou foi se candidatando. Com o fantástico trabalho que vem fazendo, João Doria está doando para São Paulo a coisa mais preciosa que um ser humano pode dar, que é o seu tempo e a sua sabedoria para ajudar sua cidade. Não somente isso, mas, também ele está inspirando toda a iniciativa privada a fazer o mesmo, incentivando as empresas a doarem o que podem à cidade.

O status e a reputação de uma empresa ou de uma pessoa podem ser valorizados através dessa prática, portanto, ser generoso também é ser inteligente, já que com um conceito elevado uma empresa ou uma pessoa pode obter ainda mais sucesso.

Seja filantropo

Filantropo é sinônimo de caridoso. O significado é um pouco diferente de ser generoso. Quando você doa para alguém que não precisa daquilo que você está oferecendo como doação você está sendo generoso. Diferentemente disso, quando você contribui com alguma coisa ajudando alguém que está passando por alguma necessidade você está sendo caridoso. O ideal para um empresário de sucesso é ser as duas coisas: generoso e caridoso.

O termo "filantropo" surgiu a partir do grego *philánthropos*, que significa "amigo da humanidade", consequentemente, o filantropo não distingue o ser humano por raça, religião ou orientação sexual, seu critério é apenas o de ajudar as pessoas que mais necessitam e que estão à margem da sociedade usando da forma financeira ou com outras ações benéficas.

O filantropo é um altruísta, ou seja, pratica obras de caridade com a finalidade de auxiliar os outros indivíduos sem almejar nenhuma recompensa em troca. Suas ações estão mais relacionadas com a possibilidade de poder dar algo, até mesmo tempo e atenção, para outras pessoas ou para causas importantes, com o objetivo apenas de se sentir bem, é por isso que muitas vezes o filantropo age sem que ninguém saiba.

Tanto a pessoa que é apenas generosa quanto o filantropo reconhecem que precisaram da sociedade para chegar aonde chegaram, assim, eles sentem necessidade de pagar por aquilo que conquistaram, devolvendo parte de suas conquistas com ações práticas ou dinheiro. Grosso modo, podemos dizer que as pessoas que doam, fazem isso para se sentir bem, visto por esse ângulo, elas podem ser consideradas pessoas egoístas, mas, de qualquer forma, no caso desses indivíduos, esse conceito ainda é encarado de um modo positivo.

Filantropos e pessoas que são generosas gozam de boa reputação e status perante a sociedade e cada vez mais eles conquistam o sucesso, enquanto que sujeitos mesquinhos terminam suas vidas sendo odiados e muitas vezes acabam pobres.

Sobre não ser mesquinho

A mesquinhez é uma qualidade baixa. Para um empresário que pretende sair do que consideramos ínfimo e improdutivo é primordial que ele se atenha à necessidade de fugir de atitudes como essa. Ora, um homem para se sentir grande tem que ter atitudes dignas de admiração. Uma pessoa que retém para si tudo o que conquistou, egoisticamente, alguém que não abre mão de nada para ajudar o próximo, naturalmente não será admirado.

É claro que as pessoas fazem o que querem com seu patrimônio e ninguém tem nada com isso e, é claro, também, que não estou obrigando ninguém a doar seus bens, seu tempo ou qualquer coisa que seja. A questão aqui é o que se espera receber com as nossas atitudes. O empreendedor depende da sociedade para obter sucesso. Se a comunidade aceita seu produto e lhe traz lucros, não há nada mais significativo do que agradecer retribuindo com boas ações. Estamos falando aqui de algo que vai além da mera relação comercial. As relações de mercado são práticas e, de certa forma, frias: eu ofereço um produto de qualidade, o cliente paga por isso e pronto, o negócio foi feito e a empresa segue em frente. Quando proponho que você olhe para o lado mais humano da coisa, estou querendo que o seu sucesso vá muito mais longe daquilo que se espera.

Ser mesquinho é desprezível e você, como empresário, não quer que a sociedade menospreze seu empreendimento, pois, se isso acontecer, sua empresa vai à bancarrota. Você precisa das pessoas para crescer e quando você é generoso para com a sociedade, você está dando um *upgrade* nos seus negócios.

Seja generoso, seja filantropo isso vai fazer não só com que você se desenvolva como pessoa, mas, também, vai eternizar o sucesso da sua empresa, pois ela será sempre lembrada como a companhia do homem caridoso e forte que você é.

Não Seja Procrastinador

Procrastinar é o hábito de adiar algo importante que precisa ser feito, como, por exemplo, uma decisão ou um trabalho. Procrastinar pode significar, também, o prolongamento de uma situação, ou seja, deixar para resolver depois o que precisa ser deliberado imediatamente.

A procrastinação é um comportamento inerente ao ser humano, no entanto, procrastinar pode ser muito prejudicial quando impede o funcionamento de rotinas pessoais ou profissionais. Para os negócios é um hábito fatal porque resulta em perdas de oportunidades e, consequentemente, estagnação do trabalho.

Podemos procrastinar obrigações, como, por exemplo, pagar uma conta, fazer o imposto de renda, concluir uma tarefa no trabalho, etc. Podemos adiar comprometimentos, porém, cedo ou tarde, teremos que fazer o que é preciso, caso contrário, nós sofreremos as consequências.

Podemos, também, prolongar outras coisas que não são consideradas obrigações, como, por exemplo, exames médicos;

dentista; dieta; exercícios; término de relacionamento; consertos de equipamentos, etc. Quando deixamos de fazer coisas dessa natureza podemos ou não sofrer as consequências, porém, se nós não procrastinarmos, evitamos problemas futuros.

Como empresários, o problema maior ocorre quando procrastinamos afazeres importantes, como, por exemplo, tomar a decisão de fechar um negócio para a companhia ou atender um cliente importante para a empresa. São coisas que não são urgentes, porém, são importantes, se não fizermos o que é preciso essa atitude poderá levar a empresa à estagnação e, em consequência, à falência.

Decida e haja rápido

Grandes oportunidades de negócios são perdidas quando procrastinamos uma decisão. Diante de uma oportunidade, o mais sábio a se fazer é decidir rapidamente sobre o que está sendo proposto e a ação deve ser mais rápida ainda para que não percamos o negócio. Decidir com rapidez e agir eficientemente não significa ser imprudente muito pelo contrário, o melhor mesmo é analisar todas as variáveis existentes e suas possíveis consequências antes de tomar a decisão. O que devemos evitar é justamente adiar a análise da oportunidade que surgiu na nossa frente e acabar perdendo o negócio por causa da procrastinação.

Lembre-se do que falamos anteriormente, a prudência não deve ser usada como desculpa para não agirmos. Homens de negócios são homens de ação, assim, ser cauteloso deve servir como apoio para as tomadas de decisão e não como reforço à procrastinação.

Código de Conduta Para Ser Bem-Sucedido nos Negócios

A falta de deliberação e a ausência de ação é um dos principais fatores que impedem o crescimento e a expansão das empresas, portanto, para nos tornamos homens de negócios bem-sucedidos precisamos evitar o hábito da procrastinação a qualquer custo, somente assim podemos crescer e expandir mais rapidamente.

O tempo é o bem mais precioso que possuímos, cada minuto vivido é um minuto morrido. Leonardo Da Vinci afirmou que "O tempo dura bastante para aqueles que sabem aproveitá-lo". Eu digo que o tempo é curto para aqueles que procrastinam. Para demonstrar isso que acabei de dizer vou contar uma historinha.

Certa vez no inferno, Lúcifer estava muito preocupado, pois estavam faltando pecadores lá no inferno. Então, ele resolveu desenvolver uma estratégia de marketing para pode chamar mais pecadores. Convocou uma reunião na qual todo mundo podia dar sua opinião. Um dos capetas argumentou: "A gente devia fazer o ser humano gastar mais, afinal, para gastar mais eles terão que ganhar mais e para ganhar mais terão que trabalhar mais, assim, eles irão trabalhar, gastar, trabalhar, gastar e não vão ter tempo de evoluir e terminarão aqui no inferno." Lúcifer pediu outras opiniões. Outro capeta expôs sua ideia: "Devemos fazer com que o ser humano só se preocupe com os outros, só falem da vida dos outros, logo, eles não vão se preocupar consigo mesmos e vão terminar não evoluindo e acabarão aqui no inferno." Lúcifer gostou dessas ideias, mas, ainda não estava satisfeito. Foi aí que um capetinha estagiário levantou a mão e Lúcifer perguntou o que ele queria, então, ele disse que também queria dar sua a opinião. Lúcifer deu-lhe a palavra. O capetinha estagiário lançou sua ideia: "Eu acho que o ser humano devia pensar que iria viver eternamente." Lúcifer questionou: "Mas o que isso tem a ver com vir para o inferno?" O capetinha, muito inteligente, explicou: "Bom, o homem ia pensar que viveria eternamente, então, iria deixar o problema importante para amanhã, para amanhã, para amanhã. Ele não iria fazer nada e terminaria aqui." O rosto de Lúcifer se iluminou e ele disse: "É isso o que vamos fazer!" Assim, ele plantou a semente da eternidade na mente de cada um de nós. Por isso que você pensa que seu primo vai morrer antes de você, que seu vizinho vai morrer antes de você, que seu chefe vai morrer antes de você, mas, você não, você vai ficar aqui para a posteridade. Portanto, toda vez que você pensar em adiar alguma atividade importante, lembre-se do capetinha estagiário e entre em ação.

Sobre não ser procrastinador

Para um empresário, procrastinar é o mesmo que levar seu negócio à ruína. A procrastinação é irmã da derrota, se você não se importa com o que vai acontecer caso você fique postergando uma ação que seja fundamental para os seus negócios, você pode procrastinar à vontade, porém, eu sei que ver o seu empreendimento entrar em colapso por causa de algo que você deixou de fazer não é uma coisa muito fácil de lidar. Evidentemente, você quer que as coisas funcionem bem, você deseja que a sua companhia cresça e quer ser uma pessoa bem-sucedida, nesse caso, você deve evitar, de todas as formas, a procrastinação.

Todos os homens de negócios cujas histórias eu conheço não procrastinam. Nenhum deles ficou de bobeira, pensando na morte da bezerra, enquanto tinham muitas decisões a serem tomadas para que seus negócios fluíssem. Essa é uma caraterística típica de pessoas bem-sucedidas, a de ser rápidas em agir. Empresários de sucesso não deixam nada para depois, eles sabem estabelecer prioridades e colocam em primeiro lugar aquilo que é importante e que não pode deixar de ser feito.

Quando montamos um negócio, há muita coisa envolvida, como você já pôde verificar no decorrer desta narrativa, são detalhes que fazem a diferença, que vão determinar o sucesso ou o fracasso de sua empresa. Adiar ações importantes talvez seja a pior escolha do empresário, pois, o processo de desenvolvimento é regulado pelas decisões rápidas e firmes que o empreendedor deve tomar. Não se pode postergar uma demanda que seja urgente. É como se estivéssemos preparando um bolo, todos os ingredientes devem ser escolhidos com antecedência e nenhuma parte do procedimento para levar a massa ao forno deve ser desconsiderada ou postergada, pois, isso fará com que nosso bolo não cresça ou não fique saboroso e não é isso que queremos, certo? Quando fazemos um bolo queremos vê-lo bonito, macio e delicioso. Com a nossa empresa não é diferente, como homens de negócios queremos ver nossa companhia funcionando bem e crescendo cada vez mais, por isso não podemos adiar etapas importantes, temos que estar atentos ao que é fundamental para que nossos negócios sigam bem e se destaquem no mercado.

Sendo a procrastinação inerente ao ser humano, a luta contra esse tipo de comportamento é muito difícil, principalmente para o empresário. Os homens de negócios têm que enfrentar muitas adversidades no decorrer do trabalho para fazer sua empresa crescer, nesse caso, ele precisa ter em mente que procrastinar vai torná-lo incapaz de prosseguir. É por isso que o empreendedor tem que se livrar de atitudes que atrapalham seu trabalho, ele precisa estar focado e ter uma postura voltada à ação para, assim, alavancar sua empresa e colocá-la no topo. Lembre-se, a procrastinação é um hábito e, como eu sempre digo, "Hábitos são inicialmente teias de aranha, depois fios de arame".

Não Seja Extravagante

Toda empresa, além de ser uma pessoa, é liderada por um homem de negócios que, naturalmente, também é uma pessoa. Portanto, tanto as organizações como os homens de negócios são regidos por leis universais. Chamamos de leis universais aquelas que se aplicam a todas as pessoas em qualquer lugar, como a lei da gravidade, por exemplo.

A roda da abundância é uma lei universal da prosperidade, ela funciona tanto para as Pessoas Jurídicas quanto para as Pessoas Físicas. Segundo esse regulamento universal qualquer pessoa pode se tornar próspera, bastando, para isso, seguir a seguinte regra: ganhar, economizar, investir e gastar. Grosso modo, isso significa se tornar equilibrado com relação às finanças.

Ser extravagante, exibicionista ou ostensivo é uma atitude pouco inteligente que não condiz com a condição de empresário. Esse tipo de comportamento prejudica a saúde financeira tanto da empresa quanto a do empresário e, consequentemente, de todos os envolvidos com a companhia, como os colaboradores que dependem da companhia.

Observe que a maioria das pessoas que ostentam são, normalmente, pessoas que conseguiram sua riqueza sem esforço nenhum, como, por exemplo, indivíduos que ganharam na loteria ou que receberam heranças milionárias. Uma grande parcela das pessoas que ganharam na loteria voltou a ter sua situação financeira pior do que tinha antes do prêmio, justamente por causa da ostentação e do exibicionismo.

Quando nos tornamos empresários a situação financeira de muitas pessoas pode depender de nós, nesse caso, precisamos ser cautelosos ao tomarmos decisões ostensivas apenas para impressionar os outros. Esse tipo de atitude não condiz com a qualidade de ser empresário. O empreendedor que ostenta ou desperdiça seu dinheiro certamente não conseguirá sustentar o seu negócio, já que uma empresa gera muitos custos. Por isso é preciso ser cuidadoso com as finanças. Extravagâncias não combinam com o sucesso, pois, com o desperdício vem o desequilíbrio financeiro e em seguida a queda.

A roda da abundância

A prosperidade está no equilíbrio entre ganhar, economizar, investir e gastar, assim, não adianta ganhar muito dinheiro e passar a gastar mais do que ganha, como também não tem valia economizar tudo o que se ganha sem investir, pois, isso estagna a empresa e seu negócio provavelmente vai começar a cair. Por outro lado, investir tudo o que você ganha sem dividir com seus colaboradores ou sem praticar filantropia e caridade, não é uma boa escolha, pois, isso pode gerar resistência tanto dos funcionários quanto da sociedade, provocando a ruína da empresa. Sem contar a tremenda frustração pessoal por ter sido bem-sucedido e não ter podido desfrutar do que conseguiu.

O único meio seguro de se tornar bem-sucedido e próspero é praticando a roda da abundância. Ela gera uma reação em cadeia fazendo com que todos que estejam à sua volta tenham a oportunidade de crescer financeiramente, ou seja, sejam beneficiados em todos os sentidos e se tornem bem-sucedidos se assim o desejarem.

O segredo da roda da abundância é que, cedo ou tarde, o dinheiro economizado e investido se tornará seu escravo. O valor acumulado começará a trabalhar para você; é por essa razão que esse dinheiro nunca pode ser usado em algo perecível ou roubado, se isso acontecer você perderá seus escravos. Entenda como escravo aquele dinheiro que você investiu e que está gerando mais dinheiro. Por exemplo, vamos supor que você acumulou um milhão de reais e investiu em um fundo que esteja rendendo 1% ao mês. Esse milhão é o seu escravo que está trabalhando e ganhando mais dinheiro para você.

O conceito da roda da abundância é simples e eficaz. Vamos supor que todos os dias você ganhe dez moedas de um real e coloque no bolso, porém, quando você for gastar essas moedas, você gasta somente nove, deixando uma no bolso. O que vai acontecer é que depois de um tempo não haverá mais espaço no seu bolso para você colocar as dez moedas.

Agora, imagine se ao invés de colocar a moeda no bolso você estivesse colocando num fundo de investimento que rendesse 1% ao mês. Nesse caso, o resultado seria ainda mais impressionante. É o que Albert Einstein chamava de "magia dos juros compostos".

Código de Conduta Para Ser Bem-Sucedido nos Negócios

Se você fizer isso com 10% do que você ganha por, aproximadamente, vinte anos, certamente você se tornará milionário. Digo isso com 100% de certeza, porque foi o que eu fiz.

Sobre não ser extravagante

Ganhar, economizar, investir e gastar é tão simples que, quase sempre, se torna um processo menosprezado pela maioria das pessoas. O ser humano tem a tendência de gastar além do que pode, ou seja, ele ganha X, mas gasta XYZ achando que o X vai dar conta. Não preciso dizer que é por isso que a inadimplência aumenta cada vez mais em um País rico como o nosso. É bastante contraditório vermos tanta pobreza numa terra abundante como é o Brasil, mas, essa é a nossa realidade e o motivo é exatamente esse: o brasileiro não sabe lidar com finanças.

A extravagância está ligada com a total falta de bom senso. Mesmo que você tenha muito dinheiro, talvez herdado de alguém ou por outra razão, não sei, você vai precisar ter os pés no chão para não gastar toda a sua fortuna, afinal, como diz o famoso trecho da canção de autoria de Paulinho da Viola: "dinheiro na mão é vendaval".

Para o homem de negócios, ser extravagante ou desperdiçar capital é o mesmo que dar um tiro no pé, você tem a arma, pode atirar para o alto, mas, ao invés disso, você mira seu pé e dispara. É isso mesmo. Ou seja, você tem capital, mas usa isso de maneira irresponsável, desperdiçando seu dinheiro ao invés de traçar estratégias para que sua renda cresça. O empresário tem que ter consciência das suas finanças e precisa efetivamente administrá-las de maneira coerente e sensata. Os excessos devem ser deixados de lado, é preciso ponderar sobre o futuro e lançar-se em um caminho seguro que o levará ao sucesso.

O empreendedor que deseja ser bem-sucedido deve qualificar a roda da abundância como seu mantra diário, assim, ele, não só, manterá sua empresa equilibrada, mas, também, fará com que seus ativos cresçam consideravelmente, trazendo a prosperidade para seus negócios.

Não Seja Desonesto

Dificilmente pessoas desonestas se tornam bem-sucedidas. A desonestidade é fatal no mundo dos negócios por várias razões; a primeira coisa que acontece quando alguém é desonesto é que essa pessoa inconscientemente acredita que todas as outras também o são e por desconfiar de todos, ela deixa de fechar muitos negócios com medo de ser enganada. O pensamento de um indivíduo desonesto é muito simples, ele pensa que se ele pode enganar as pessoas, elas também vão fazer o mesmo com ele.

A segunda coisa que acontece com alguém que tenha um comportamento ilícito é que no começo ele pode até se dar bem pelo fato de ninguém o conhecer; contudo, cometendo uma fraude aqui e outra acolá, sua fama se espalha e, depois de algum tempo, todos passam a conhecer o tipo de pessoa com quem estão lidando e ninguém mais vai querer fazer negócios com esse indivíduo. Os clientes não perdoam e, atualmente, com internet e as redes sociais, a fama de uma pessoa se espalha rapidamente, causando um estrago enorme para quem pretende lançar um negócio.

Código de Conduta Para Ser Bem-Sucedido nos Negócios

O mundo está cheio de golpistas que pensam que eles são honestos, isso ocorre porque eles acreditam que a honestidade está relacionada apenas com o dinheiro, mas não é verdade. Por exemplo, quando você marca para se encontrar com alguém e não comparece, você está sendo desonesto. Pessoas honestas cumprem com seus compromissos, seja ele qual for. Outra situação bastante comum é quando o empresário promete entregar o produto ao cliente em certa data e não entrega. Isso também é desonestidade. Todas essas situações são formas de improbidade, pois, para as pessoas honestas cumprir com a palavra é algo extremamente importante, é muito difícil elas deixarem de cumprir com aquilo que prometeram.

A falta de honestidade tem muitas facetas, é por isso que precisamos tomar muito cuidado antes de apontar o dedo para alguém e dizer que essa pessoa é desonesta. Foi por esse motivo que dediquei boa parte do começo deste livro ao caráter e às virtudes do homem de negócios.

Pessoas trapaceiras podem até levar vantagem e conseguir algum sucesso no começo, porém, elas não são capazes de enganar a todos o tempo todo, e para sempre; cedo ou tarde, esses indivíduos acabam sendo desmascarados e sua má fama fica conhecida.

Ser desonesto não leva a nada. A pessoa que age de maneira tortuosa sempre termina em maus lençóis, dificilmente ela vai levar suas atitudes imorais por muito tempo e jamais irá conseguir o sucesso agindo desse modo. Eu vivi experiências nesse sentido e posso dizer, com toda certeza, que a falta de honestidade não leva ninguém a lugar nenhum.

O discípulo

Há muito tempo, minha esposa lecionava inglês em nossa própria casa e um de seus alunos, que era um jovem muito pobre que morava na região, estudava com ela.

Naquela época eu era um analista de sistemas bem-sucedido. Exerci essa profissão por vinte e cinco longos anos ininterruptamente e ganhava muito bem. Sempre fui uma pessoa com grandes sonhos, porém, eu sabia que na minha profissão, embora tendo um bom salário, eu jamais conseguiria realizá-los. Nessa época, em busca de alcançar meus sonhos, eu me envolvi em um negócio de Net Work Marketing (Marketing de Rede). Esse foi um empreendimento que me proporcionou muito crescimento pessoal, pois, eu participava de muitos seminários aprendendo com pessoas de sucesso.

O negócio dessa iniciativa eram as pessoas. Eu procurava por gente que, como eu, desejava realizar seus sonhos, não importando se era abastada ou pobre, o que valia era se essas pessoas possuíam sonhos e desejavam realizá-los. Assim, ofereci uma parceria ao jovem para quem minha esposa dava aulas, que imediatamente aceitou.

Após dois anos tentando construir uma grande rede, eu falhei e junto comigo o jovem também fracassou. Porém, nunca me arrependi de ter tentado, pois, aprendi muito com esse ensaio. Meu crescimento pessoal foi enorme e eu precisava de uma lavagem cerebral para me tornar uma pessoa melhor. E foi exatamente isso o que essa iniciativa fez por mim. Como sempre digo: "Experiência não é o que lhe acontece, mas sim aquilo que você faz com que lhe aconteça".

Código de Conduta Para Ser Bem-Sucedido nos Negócios

O Net Work Marketing falhou, mas, como eu nunca desisti dos meus sonhos e por duas vezes eu já tinha montado academias de Kung Fu e, também, havia fracassado, mas, agora com mais experiência, não custava nada tentar novamente. Foi assim que convidei o jovem estudante que chamarei de JMS para ser meu aluno e um possível sócio na minha terceira tentativa. Na época, ele estava desempregado e eu imaginei que ter uma ocupação seria bom para ele, fora isso, eu acreditava em seu potencial.

Montei a academia e chamei o JMS para me ajudar a colocar os espelhos, que era a última coisa a fazer para que a academia estivesse finalmente pronta. Chegando ao local ele me perguntou: "Onde está o pessoal que vai colocar os espelhos?" Respondi: "Somos nós. Nós vamos colocar os espelhos. É importante que façamos isso porque a arma de um guerreiro fica impregnada com a sua energia e isso é muito significativo para o equilíbrio das coisas." Essa foi a primeira lição que ensinei a JMS.

Como eu havia previsto, JMS praticava o Kung Fu e se desenvolvia cada vez mais, até que um dia, sob minha orientação, começou a ajudar nas aulas. Ele se desenvolveu tanto que resolvi abrir uma nova filial e deixá-la sob sua responsabilidade. Abri, então, uma linda academia, muito melhor do que a que já tínhamos. Antes de ele assumir o espaço, recomendei apenas uma coisa, disse a ele que se um dia, por alguma razão, ele resolvesse não mais continuar com as aulas de Kung Fu que me avisasse com antecedência, para que eu pudesse encontrar um substituto. Ele concordou prontamente.

Nos três anos seguintes em que esteve comigo, JMS foi um discípulo exemplar. Eu fazia questão de reconhecê-lo e edificá-lo em todas as oportunidades possíveis. Formávamos um excelente time. Eu passava em sua casa todos os sábados pela manhã para tomarmos café e, depois, para irmos à academia juntos. Todos os dias eu o pegava em casa e o deixava no final do dia, pois, morávamos no mesmo bairro.

Com o passar dos anos, comecei a perceber uma grande revolta interior em JMS. Notei que aquilo o estava corroendo e o consumia dia após dia. Passei a observar isso por causa de suas atitudes. O primeiro sinal foi que ele não mais me apresentava aos alunos quando eu chegava à unidade. Por respeito, é costume o instrutor parar a aula e pedir para que os alunos cumprimentem o Mestre assim que ele chegar no local, isso faz parte da tradição do Kung Fu.

Outro sinal de que JMS estava enfrentando um grande conflito interno eram seus profundos suspiros quando ele entrava no carro. Ele ficava calado e, às vezes, chorava. Algo o estava incomodando e o incomodava tanto que ele começou a faltar em alguns treinos especiais dando desculpas de que tinha outro compromisso. Sua técnica começou a decair e JMS começou a cometer falhas constantes quando participava de demonstrações.

Durante o tempo que JMS treinou comigo ele nunca pagou nenhuma mensalidade. Embora eu soubesse que isso era um erro, eu o tratava como se fosse um filho por isso continuei a liberar as mensalidades para ele. Foi então que tudo mudou. Nunca esquecerei o domingo em que JMS solicitou minha audiência após uma aula especial e me disse: "A partir de amanhã, não virei mais dar aulas, vou seguir o meu caminho, vou fazer outras coisas." Eu não entendi nada, pois, havíamos combinado que se um dia houvesse algum problema, ele me avisaria com antecedência.

Conhecedor de sua revolta interior, só me restou dizer que se aquela era a decisão dele, eu nada podia fazer; disse a ele que esperava que ele estivesse fazendo a coisa certa, afinal de contas, todo Mestre sabe que um dia seus discípulos partirão. Eu só não podia imaginar o que ele acabou fazendo em seguida. Na calada da noite, ele entrou no sistema da academia e imprimiu etiquetas autoadesivas com o endereço de todos os alunos. JMS mandou carta para todos os alunos dizendo que havia aberto sua própria academia em uma rua acima da nossa e que quem quisesse treinar com ele pagaria apenas R$ 7,00 até que seu plano terminasse na minha academia. Nessa época, o valor de nossa mensalidade era R$ 90,00 e obviamente que treinar com o mesmo instrutor por R$ 7,00 seria muito melhor. De posse dos telefones dos alunos, também extraídos do nosso sistema, JMS ligou pessoalmente para cada um e marcou uma reunião em uma praça perto da unidade para que ele pudesse persuadir os alunos a treinarem com ele. A coisa não parou por aí, JMS acessou o nosso computador e excluiu todos os contatos importantes que nós tínhamos, dos prestadores de serviços e das empresas que contratamos para montar as academias. Além disso, tudo que ele sabia a meu respeito ele utilizou para denegrir a minha imagem como forma de persuasão.

Diante dessa situação, a única alternativa que me restou, foi tentar reverter o problema. Assim, com a ajuda de dois discípulos, que eram amigos da maioria dos alunos daquela unidade, Marcelo Del Debbio e Norson Botrel, marquei uma reunião com os alunos e fiz o possível para que eles ficassem na nossa academia, porém, com a oferta de treinar com o mesmo professor pagando apenas R$ 7,00, ficou difícil convencê-los a permanecer conosco. Acabei perdendo mais de 70% dos alunos.

Meu advogado me incentivou a processá-lo por concorrência desleal e outros crimes, mas, eu preferi deixar que o universo cuidasse disso por mim. Eu sabia que cedo ou tarde os mesmos alunos que o acompanharam perderiam o respeito por ele, afinal, se ele fez isso com seu próprio Mestre, por que não faria com eles?

Com essa atitude, a única coisa que JMS conseguiu provar foi que ele é incompetente, pois, caso contrário, ele poderia ter montado sua escola e conquistado seus alunos por seus próprios méritos.

Essa foi uma das experiências que eu tive com indivíduos desonestos. Pessoas assim não conseguem conversar olhando nos olhos, elas temem que descubram o que fizeram. Quando estão sozinhas choram por não ter com quem desabafar e terminam tendo uma carreira sem brilho. A academia de JMS faliu alguns anos depois.

O sócio versátil

JWC foi um aluno muito bom que, ao se tornar sócio, mostrou-se altamente competente e versátil. Sua ascensão foi meteórica. Ele tinha uma capacidade e uma agilidade tão impressionantes que em pouco tempo se tornou sócio de cinco unidades.

Rapidamente, detectei que JWC gostava de fazer muitas coisas diferentes ao mesmo tempo. Ele era o tipo sanguíneo que não consegue ficar parado por muito tempo. Sabendo disso, para não o perder, eu o mantinha sempre ocupado atribuindo-lhe missões, como, por exemplo, organizar os eventos da academia.

JWC cumpriu com eficiência todos os projetos que lhe foram atribuídos, sempre com entusiasmo, porém, seu brilho logo se apagava assim que ele concluía sua missão. Claramente, ele se aborrecia e ficava desmotivado se não estivesse sob a luz dos holofotes. Para ele, o importante era ser o centro das atenções. A ânsia de ser reconhecido como uma pessoa de sucesso foi tão grande que JWC passou a usar o cartão de crédito da academia indevidamente para ostentar. Ele gastava com jantares, passeios, supermercado e muitas outras coisas, tudo isso para provar aos colegas o quanto ele era bem-sucedido.

Obviamente que essa situação começou a ficar insustentável e, quando ele percebeu que poderíamos descobrir o que estava acontecendo, rapidamente JWC me procurou e disse que não desejava mais ser sócio e que aspirava vender suas unidades. Pouco tempo depois que JWC deixou a academia descobrimos o prejuízo que ele nos causou com sua desonestidade.

Como ser focado nunca foi uma de suas características, até hoje JWC não conseguiu o sucesso tão almejado e continua atirando em revoada de pombos sem acertar nenhum. Sua falta de honestidade, ganância e sua ânsia por sucesso a qualquer preço não lhe ajudaram em nada. Ele continua batendo cabeça por aí.

Tivemos muitos outros casos de sócios desonestos, como, por exemplo, o episódio com o JHC, que não pagava os alugueis e emboçava o dinheiro para ele. Só descobrimos isso depois que ele deixou a academia e a proprietária nos cobrou todos os atrasados com juros.

Nenhum desses sócios que foram desonestos se tornou bem-sucedido na vida, todos eles estão em situações muito ruins, mais do que estavam quando eram nossos sócios e não agiam de maneira íntegra. Isso só mostra que ser desonesto não é bom para ninguém, mas, principalmente é péssimo para os negócios. Um homem de negócios deve ter integridade para lidar com seus sócios e com todos os envolvidos com a sua empresa, ele jamais deve procurar caminhos obscuros para se dar bem, principalmente quando isso afeta outras pessoas.

Por coincidência, o nome desses três sócios desonestos começa com a letra J, não sei se isso significa alguma coisa, talvez seja um sinal, de qualquer forma, a questão é que devemos procurar ser diferentes desses três cidadãos, um empresário precisa ser íntegro só assim seus negócios prosperarão.

Sobre não ser desonesto

Para algumas pessoas a desonestidade é tão natural que elas acham que não estão agindo mal, elas apenas seguem seu caminho passando por cima de quem estiver na frente, sem o mínimo de remorso. A única coisa que as faz parar é quando elas desconfiam que outras pessoas estejam aprontando alguma coisa contra elas, nesse caso elas paralisam, mesmo que temporariamente. Fora isso, nada impede que esse tipo de pessoa vá atrás de seus objetivos utilizando métodos nada ortodoxos para conquistarem o que desejam.

O que ocorre é que a improbidade é algo que incomoda, por mais que as pessoas se sintam à vontade tendo atitudes censuráveis, uma hora isso vai começar a aborrecer os indivíduos que não têm esse tipo de comportamento e é aí que vem a desgraça. Inevitavelmente, o sujeito desonesto encabeçará a lista de pessoas detestáveis e isso, naturalmente, vai fazer com que o trapaceiro decaia. É por isso que não vale à pena seguir pelas veredas da desonestidade, principalmente, você, que pretende ser um homem de negócios; se você dirigir a sua empresa baseada em atitudes não virtuosas, certamente você não chegará a lugar algum. Um empresário que se preze, age corretamente. Ele cumpre com seus compromissos, respeita as pessoas que trabalham com ele e procura ser justo nas mais diversas situações. A improbidade não combina com o sucesso e a vitória está acoplada à integridade. É preciso ter brio para tocar um negócio, caso contrário, tudo vai por água abaixo rapidamente, tão rápido que você nem vai perceber.

O que eu passei com os meus sócios desonestos trouxe prejuízo em muitos sentidos, um deles é o fato de eu ter me decepcionado profundamente com essas pessoas em que eu havia depositado a minha confiança e meu senso de solidariedade. Eu quis ajudá-los, mas, eles menosprezaram a minha contribuição e escolheram atuar em campos ilícitos mesmo sabendo que iriam me prejudicar com isso. Outro dano causado pelos atos sujos desses três sócios golpistas obviamente foi a perda financeira, eu tive efetivos prejuízos com as atitudes desonestas dessas pessoas, mas, acabei me recuperando.

Mestre Gabriel Amorim

Eu me recuperei, mas, com relação a eles, meus ex-sócios desonestos, eu não posso dizer o mesmo. Como narrei nas histórias acima, até hoje eles não se recuperaram; eles não saíram do sufoco porque não se arrependeram do que fizeram e, muito provavelmente, continuam tendo o mesmo tipo de comportamento nos dias de hoje.

É isso o que a desonestidade faz, ela provoca um estrago e a parte mais afetada é sempre a pessoa desonesta. Isso é tão certo quanto o nascer e o pôr do sol.

Não Demore a Cobrar

No subcapítulo "Cobre seus Devedores", do capítulo, "Seja Cauteloso com as Finanças" expliquei a importância de cobrar os clientes inadimplentes para manter a saúde financeira de sua organização. Neste tópico eu abordarei o mesmo assunto de uma maneira um pouco diferente, não somente mostrando os problemas financeiros causados por uma cobrança inadequada, mas, também, apontando o quanto isso pode afetar outras áreas.

Como já mencionei anteriormente, para que possamos ter uma cobrança mais efetiva, é importante estarmos cobertos por dispositivos legais, como, por exemplo, contratos, fiadores, seguros, etc. Assim, poderemos proceder às cobranças de maneira legal, com um risco menor de não receber o que nos é devido.

Cobrar é chato e, muitas vezes, é complicado, porém, necessário, caso contrário, os conhecidos como espertalhões, que gostam de levar vantagem, tirarão proveito da situação. Saiba que, para algumas pessoas, adiar o pagamento o maior tempo possível é tido como um princípio, ou seja, elas fazem isso mesmo quando têm condições de pagar. Portanto, saber cobrar é algo que um empresário não pode deixar de lado, afinal, é a saúde financeira da empresa que está em jogo, por isso a displicência nesse caso pode ser fatal.

Cobre as dívidas dos clientes

Os maus pagadores bancam os espertos, eles escolhem usar os seus recursos financeiros para investir ou adquirir outras coisas ao invés de pagar as dívidas. Essas pessoas contam com o tempo como seu aliado, porque elas sabem que quanto mais o tempo passa, mais sujeito a situações adversas o credor vai estar, ocasiões essas que permitirão ao mau pagador tirar vantagens.

Em seguida mostrarei alguns eventos que podem acontecer e que certamente vão atrapalhar o curso do pagamento. Se você, como empresário, não ficar atento e não se antecipar a determinadas situações, você terá sérios problemas. Sua empresa pode enfraquecer e, até mesmo, chegar ao ponto de fechar.

Desespero: você está precisando de recursos para adquirir produtos ou matéria-prima ou até mesmo para quitar suas próprias dívidas, então, você resolve dar um desconto aos inadimplentes para que eles quitem seus débitos. Nesse caso, o mau pagador levou vantagem, pois, além de não pagar no prazo ele ainda obteve uma redução do valor de sua dívida.

Falência: conforme o tempo passa, sua empresa pode falir, nesse caso, o cliente inadimplente também leva vantagem, afinal, ele se verá desobrigado a pagar as dívidas, já que a companhia encerrou as atividades. Maus pagadores sempre contam com fatalidades.

Você pode morrer: se você morrer e outra pessoa tiver que tocar o seu negócio ela herdará os problemas com os inadimplentes.

O cliente pode morrer: nesse caso, por razões óbvias, você não teria como cobrar, exceto se tivesse um contrato com Deus ou com o Diabo.

O cliente pode mudar de estado ou de país: obviamente, bons clientes pagariam antes de partir, porém, se o cliente é um mau pagador, ele se aproveitará dessa oportunidade para não pagar.

O cliente pode ficar desempregado: não somente as pessoas mal-intencionadas podem atrasar suas dívidas. Qualquer indivíduo está sujeito a passar por problemas financeiros. Nesse caso, é claro que você terá problemas em receber.

Você pode se esquecer de cobrar: nessa situação, o cliente mau pagador se aproveitará de seu esquecimento. Isso pode até chegar ao nível de você não lembrar mais da dívida. Isso normalmente acontece quando o valor não é tão alto, mas, não deixa de ser importante.

O cliente pode se esquecer de pagar: dependendo do tipo de dívida, principalmente se for pequena, o cliente pode esquecer por achar que ela não é mais relevante, porém, como vimos anteriormente, toda dívida deve ser levada a sério para que o nosso empreendimento não quebre.

Demorar para cobrar dívidas tanto empresariais como pessoais pode complicar a sua vida, portanto, cobre seus devedores diligentemente, evite cair em uma das situações mencionadas acima, você não sabe o que pode acontecer no futuro, por isso, seja rápido na cobrança, enquanto você sabe que as pessoas que lhe devem ainda têm condições de lhe pagar.

Cobre eficiência no trabalho

Quando contratamos uma pessoa, temos vários deveres para com ela, um deles pode ser considerado como uma dívida, que é pagar o salário desse colaborador de acordo com a média de mercado. Por outro lado, essa pessoa também tem uma dívida para conosco, que é trabalhar eficientemente, isso, é claro, com a nossa ajuda. Assim sendo, como empresários, temos o dever de cobrar de nosso colaborador que ele seja eficiente no trabalho.

Quando não entramos em um acordo com os nossos funcionários sobre o que é eficiência para nós, estamos sujeitos a vários problemas, como esses que mencionarei abaixo:

Mau hábito: quando detectamos ineficiência por parte de um colaborador e demoramos a conversar com ele e resolver o problema, o mau comportamento dele pode virar um hábito e, pior ainda, pode ser duplicado para outros membros da equipe.

Motivação: parece que não, mas, as pessoas gostam de serem cobradas, caso contrário, elas se desmotivam. Muitos empregados não gostam de trabalhar por trabalhar ou fazer por fazer, normalmente, esses colaboradores se sentem desmotivados. Por isso, conversar e cobrar mais eficiência por parte deles pode ser o combustível que inverterá a situação.

Produção: trabalhar ineficientemente influencia na produção, portanto, ao detectarmos a ineficiência de um colaborador é necessário cobrar dele mais ação e isso deve acontecer o mais rápido possível. O líder pode providenciar, se for o caso, o treinamento necessário e adequado para que esse colaborador desempenhe suas funções com eficiência.

Demorar-se a cobrar a eficiência dos nossos colaboradores pode dar início a um tipo de cultura que não gostaríamos de ver enraizada em nossa organização, por isso, temos o dever de cobrar do responsável pelo colaborador uma solução urgente. É mais fácil apagar um incêndio logo no início, caso contrário, a dificuldade para resolver o problema pode se tornar gigantesca.

Cobre a qualidade do trabalho

Nosso colaborador pode estar trabalhando eficientemente, porém, se o resultado de seu trabalho não for de qualidade de nada adianta a sua eficiência. Nossa empresa precisa não somente trabalhar eficientemente como também mostrar o resultado em termos de qualidade, portanto, quando detectamos baixo nível em nossos produtos ou serviços, precisamos cobrar imediatamente uma solução dos responsáveis. O retardamento na cobrança da solução de problemas referentes à qualidade pode levar nossa organização a passar por grandes dificuldades.

Reputação da companhia: quando deixamos de cobrar qualidade em nossos produtos ou serviços a reputação da companhia pode ficar manchada perante o cliente, fazendo com que nossa clientela procure outra empresa.

Reclamação dos clientes: se a qualidade de nossos produtos cai, ficamos sujeitos a reclamações, devoluções e, até mesmo, processos. Além disso, teremos perdas financeiras e a nossa imagem, assim como a nossa reputação, ficará manchada.

Diante de todos esses fatores, temos que nos tornar experts em cobrar, assim como, em contrapartida, temos obrigações a cumprir. Com relação a nossa equipe de trabalho temos o dever de pagar o salário, adequando-o de acordo com a média do mercado e, também, devemos prover o treinamento necessário para que o funcionário produza com qualidade.

A qualidade é um estado de espírito adquirido através do hábito, portanto, toda vez que detectamos falta de qualidade, devemos cobrar dos responsáveis uma solução imediata para que esse mau hábito não se transforme em um estado de espírito e, consequentemente, não se transforme na cultura da companhia.

Cobre os prazos das tarefas

Ao atribuirmos uma tarefa ao colaborador, podemos estipular o prazo de entrega do trabalho em conjunto com ele, porém, uma vez que o prazo foi estipulado, temos o dever de cobrar o resultado. A demora em cobrar a entrega do trabalho pode gerar situações que, certamente, vão atrapalhar, e muito, o funcionamento de nossa companhia.

Atraso: se o colaborador não entregar o resultado de suas tarefas no prazo, a resposta ao cliente será afetada também, ou seja, ele não receberá o produto ou o serviço na data combinada. É claro que esse tipo de coisa jamais pode acontecer, é por isso que é importante que cobremos de nossos empregados a eficiência em cumprir os prazos.

Hábito: atraso na entrega das tarefas pode se tornar um hábito e isso jamais pode acontecer.

Uma organização é um sistema, assim, nenhuma de suas partes pode falhar, caso contrário, o resultado pode ser desastroso. Caso detectemos um problema em uma das partes da engrenagem e demoramos a cobrar uma solução, isso pode levar ao colapso do sistema e, consequentemente a grandes perdas financeiras, por fim ao caos.

Morosidade ao cobrar as dívidas dos inadimplentes, ao cobrar eficiência, qualidade e entrega nos prazos dos nossos colaboradores não é uma conduta adequada para quem deseja ser bem-sucedido no mundo dos negócios.

Sobre não demorar a cobrar

Alguns indivíduos travam quando o assunto é cobrança. Há muitas pessoas que não gostam de cobrar, elas se sentem desconfortáveis e acabam ignorando o fato de que não receberam o que lhes era devido, mesmo que estejam precisando do dinheiro. Facilmente posso afirmar que essa conduta não é a mais adequada para uma pessoa que deseja ser empreendedora. Um homem de negócios tem que ter pulso firme em diversas situações e nessa específica, que é a de cobrar, ele precisa ser mais duro ainda.

O empresário deve estar sempre atento, cuidando das diversas partes que fazem com que a engrenagem de sua empresa funcione. Se ele tem clientes inadimplentes, ele tem que cobrar; se ele possui funcionários que não cumprem suas tarefas de maneira eficiente, ele precisa cobrar; se o colaborador peca no quesito qualidade, a cobrança tem que ser mais incisiva ainda; se a equipe não cumpre com os prazos, o empresário precisa cobrar dos responsáveis que haja mais ação nessa questão.

Código de Conduta Para Ser Bem-Sucedido nos Negócios

A morosidade, por si só, não é uma postura bem vista. Como no capítulo em que falei sobre a procrastinação, adiar certas ações pode ser extremamente prejudicial aos negócios e no caso da lentidão em cobrar, o estrago causado na empresa pode ser fatal.

Não se pode adiar a cobrança dos clientes inadimplentes, agindo assim o empresário estará trazendo o caos para as suas finanças, ora, afinal, se ele não cobrar, o número de devedores vai aumentar e, por razões óbvias, a companhia não terá como se sustentar. Assim como no que diz respeito ao trabalho da equipe, a cobrança também deve ser eficaz, pois, se o empresário deixar de cuidar dessa condição da empresa, as coisas vão desandar e a qualidade de seus serviços ou produtos vai decair.

Ou seja, o empreendedor tem que ter em mente que ele não pode se demorar a cobrar as pessoas que estão envolvidas em etapas que são fundamentais para o bom funcionamento de sua companhia, caso contrário, ele estará fadado ao fracasso.

A rapidez na cobrança certamente acarretará em resultados positivos. Quanto mais firme o empresário é em cobrar, mais retorno prático ele terá; se ele ficar adiando a cobrança daquilo que é essencial para os seus negócios, quando ele for cobrar, pode ser tarde demais, e ele não conseguirá conter a avalanche que virá sobre o seu negócio.

O empresário de sucesso sabe a hora certa de cobrar e ele não se intimida, ele vai em frente e exige aquilo que lhe é de direito.

É preciso ter brio para tocar um negócio e a morosidade em cobrar não combina com uma atitude de coragem, por isso, fique atento aos detalhes e não adie seu sucesso.

Não Reajuste os Preços Arbitrariamente

Como um empresário, uma das coisas que você precisa definir quando abrir seu negócio é se seus produtos ou serviços terão preços ou valores, ou os dois. Se tiverem apenas preço, o custo deverá ser de acordo com a média de mercado da sua região e, também, conforme as necessidades comerciais que se apresentam. Se tiverem somente valor, essa importância deverá ser de acordo com os benefícios percebidos pelo segmento ou público alvo escolhido, ou seja, de acordo com os desejos das pessoas.

A complexidade e importância da atribuição de preços e de valores são tão grandes que deveriam ser tratadas como ciência. Grosso modo, podemos dizer que o preço contempla a soma dos custos de produção da mercadoria ou serviço, acrescido da margem de lucro que esperamos obter com a venda ou prestação de serviço, considerando, também, é claro, o perfil e o poder aquisitivo do nosso segmento ou público alvo. Além disso, deve-se considerar a demanda do produto ou serviço e a concorrência. Já, o valor é subjetivo e depende da importância que cada um confere ao produto ou serviço em si, por essa razão é que a significância de nossos produtos ou serviços deve ser baseada não somente na necessidade dos clientes, mas, também em seus desejos.

Preços e valores são muito complexos de se avaliar; por exemplo, um item de colecionador pode valer uma fortuna para um colecionador, mas pode não valer absolutamente nada para uma pessoa comum. Se você estiver no meio do deserto morrendo de sede e avistar um quiosque vendendo água, você provavelmente pagará o preço que for necessário para matar a sua sede, portanto, nesse caso, o custo será determinado por sua necessidade e pela escassez.

Os obstáculos para determinarmos os preços dos produtos ou serviços são tão amplos que, no máximo, podemos generalizá-los de acordo com alguns parâmetros, como esses que citei acima. Jamais conseguiremos condensar todas as regras em um ou dois conceitos. Isso significa, por exemplo, que você pode vender uma bicicleta por cinco mil reais para uma pessoa, já para outra, por conhecer a pessoa e saber que ela vai cuidar tão bem da bike quanto você cuidou, talvez você aceite vender por apenas quinhentos reais. Por isso, podemos dizer que o preço ou valor de um produto ou serviço é determinado pelo vendedor e pelo comprador no momento de cada transação.

O mais importante é, depois de estabelecermos os preços e os valores dos nossos produtos e serviços, devemos tomar muito cuidado ao reajustá-los, seja para cima ou para baixo, caso contrário, podemos colocar nossa companhia em risco e, tão grave quanto isso, podemos, também, prejudicar o mercado como um todo em função da demasiada flutuação de preços.

A reação negativa dos clientes por causa de reajustes injustificados pode ser fatal para a saúde financeira da nossa empresa, assim como para a nossa reputação e imagem. Portanto, todo e qualquer reajuste deve ser muito bem pensado e, principalmente, justificado.

Mestre Gabriel Amorim

Aumento de preços injustificado

A consequência por aumentar os preços sem justificativa é o prejuízo. Isso ocorre porque acabamos perdendo clientes e, em consequência disso, as vendas ficam enfraquecidas. O consumidor não aceita reajustes inexplicáveis praticados por uma ou duas companhias e sua reação é procurar o concorrente. Por outro lado, se houver uma explicação plausível, ele acaba aceitando a variação de preços, pelo menos é o que acontece com a maioria.

Foge ao controle do empresário o ajustamento de custos por causa de circunstâncias como alteração nos preços da matéria-prima, nas cotações de fornecedores; aumento de salários de funcionários ou mudanças na tributação, como, por exemplo, a alíquota dos produtos e mudança na legislação. Essas situações são variáveis que atingem diretamente os preços de nossa mercadoria, consequentemente, elas se tornam justificativas aceitáveis pelo consumidor, ou seja, elas são admissíveis quando precisamos aumentar nossos preços ou valores.

De qualquer maneira, ainda pode ser complicado repassar os custos para o público, nesse caso, o mais sensato é observar como o mercado está reagindo antes de tomar uma decisão. Se a concorrência aplicar um aumento proporcional, ao sentido no bolso, nesse caso podemos escolher repassar um custo menor, cobrando um pouco menos e, assim, atraindo mais clientes. Porém, devemos tomar cuidado para não causarmos um desequilíbrio no mercado.

Uma ótima maneira de justificar o aumento de preços é melhorar a qualidade dos nossos produtos e serviços, melhorar o atendimento, nunca deixar de cumprir os prazos e, principalmente, tornar aquilo que oferecemos exclusivo. Nesse caso, os clientes não só aceitam pagar mais caro, como também podem se sentir felizes com isso, por se considerarem importantes.

Não podemos aumentar nossos preços apenas porque observamos nosso concorrente fazer isso. Precisamos estudar muito bem o mercado antes de tomarmos essa decisão, assim, podemos evitar problemas irreversíveis, como, por exemplo, o desequilíbrio do mercado.

Redução de preços injustificada

Tão ruim quanto aumentar o preço injustificadamente é reduzi-lo sem explicação. Existem diversas razões que motivam a redução de preços, a prática de uma concorrência desleal, ou seja, abaixar propositalmente o preço para prejudicar o concorrente e atrair seus clientes para nossa companhia é uma delas. Essa é uma experiência condenável, que prejudica o mercado como um todo, pois, essa prática pode ocasionar a queda de todos os preços e algumas empresas não aguentam e acabam quebrando. O problema é que isso pode se tornar uma situação irreversível, ou seja, vai ser muito difícil retomar o equilíbrio dos preços para as empresas que sobreviveram a uma variação insustentável.

Assim como para aumentar os preços precisamos estudar muito bem a atual situação do mercado, para reduzi-los também temos que analisar todas as incertezas, caso contrário, podemos ter sérios problemas financeiros. Além disso, se faz necessário, também, que tenhamos justificativas aceitáveis antes de levar a cabo uma redução de preços, se não for assim, o efeito pode ser desastroso. Podemos usar as mesmas comprovações que citei no caso do aumento de preços para a redução. É importante salientarmos que nunca devemos reduzir nossos preços em detrimento da qualidade, isso pode fazer com que nossa companhia perca a reputação e, naturalmente, não é isso que queremos para os nossos negócios, a reputação é algo que devemos cuidar com carinho para que ela se mantenha sempre positiva.

A mensagem que passamos para os clientes quando nós decidimos reduzir os preços dos nossos produtos ou serviços ou quando damos descontos sem justificativa é a de que não acreditamos no valor do que estamos oferecendo. Essa é uma péssima impressão que o cliente pode ter da nossa empresa. Ora, se nem nós mesmos acreditamos em nossos produtos como esperamos que o cliente acredite? Portanto, nunca devemos reduzir os preços por reduzir sem que tenhamos uma boa explicação para isso. Um simples ato impensado pode destruir nosso negócio. O cliente precisa confiar no produto ou serviço que oferecemos, é por isso que temos que tomar muito cuidado com qualquer atitude que mexa com o mercado para que nossa credibilidade não vá por água abaixo.

Sobre não reajustar os preços arbitrariamente

Tudo o que fazemos nessa vida tem que ser bem pensado para que não causemos um desequilíbrio no universo. A mesma regra se aplica aos negócios. Como empreendedores, nós não podemos sair por aí fazendo o que queremos, precisamos ter discernimento a cada decisão, cada detalhe deve ser verificado e analisado para que não provoquemos a desarmonia dentro da empresa e no mercado como um todo.

Quando falamos em preços a atenção deve ser redobrada. O reajuste de preços, seja para mais, seja para menos, não deve ser aleatório; o empresário tem que estudar minuciosamente o mercado para não cometer falhas. É necessário que ele amplie seu olhar para o que está acontecendo a sua volta, para, daí, então, decidir pelo reajuste. Aumentar os preços negligenciando o respeito pelo cliente é o mesmo que fazer com que sua empresa cometa suicídio. A mesma coisa acontece com o reajuste para menos, o cliente precisa ter em mãos justificativas razoáveis para aceitar tais alterações. O empresário não pode simplesmente passar por cima de sua clientela e reajustar os preços de seus produtos ou serviços sem ter na manga uma explicação considerável. O consumidor não está interessado nas vontades do empreendedor, ele se importa com seus próprios desejos e o empresário está no mercado para servi-lo. Se o cliente está adquirindo algo é para satisfazer alguma necessidade ou para seu mero prazer, por isso, quando ele se depara com um reajuste sem uma boa justificativa, ele rapidamente vai para a concorrência, pois se sente lesado.

Nesse sentido, o empresário tem que estar de olhos bem abertos, se, por alguma razão, ele necessitar aumentar os preços de seus produtos ou serviços, ele deve expor à clientela os motivos pelos quais ele precisou tomar essa medida, assim também deve ocorrer quando for preciso reduzir os preços. Não pense que o cliente vai ficar feliz com uma redução sem justificativa, ele vai ficar desconfiado e vai para a concorrência achando que a qualidade de seus produtos caiu ou que o que você está oferecendo não é legítimo, muitas coisas podem passar pela cabeça do consumidor. Por esse motivo, o empresário tem que ter uma explicação aceitável para que o cliente entenda as razões que levaram a empresa a reduzir os preços de seus produtos, ele precisa confiar que essa iniciativa não afetou a qualidade daquilo que você oferece.

Fique de olho no mercado, sinta o consumidor, respeite suas vontades e ofereça a ele confiança. Lembre-se, preço é o que o cliente paga e valor é o que ele leva para casa.

Não Ceda ao Instinto do Rebanho

Os preços caem quando atingem o teto, mas sobem quando o fundo é atingido. É assim que as forças do mercado funcionam, portanto, decidir acompanhar o que os outros estão fazendo por causa da moda do momento não é inteligente.

Tendência de mercado é uma coisa e modismo é outra. Como homens de negócios, temos que ser espertos o suficiente para diferenciar uma coisa da outra; devemos analisar os fatos e agir com prudência ao invés de acompanhar o rebanho.

O que acontece com sua empresa quando ela é de certo ramo e para acompanhar a onda da moda você muda o foco do seu negócio e faz a mesma coisa que os outros estão fazendo porque, supostamente, eles estão ganhando dinheiro? O que ocorre é muito simples: no começo os preços sobem, pois, todos estão comprando por causa do modismo. Porém, o fato de várias pessoas estarem mudando o foco dos seus negócios para agir conforme o que está na moda gera uma competição desnecessária, consequentemente, depois de algum tempo, o mercado satura, a moda passa e os preços despencam; e você entra pelo cano por ter acompanhado o instinto do rebanho.

No meu ramo, que é academia de Kung Fu, acontece muito esse tipo de coisa. O que normalmente acontece é que a academia que pertence a alguns começa a decair, então, o que o dono desse estabelecimento faz? Ao invés de observar como trabalham as melhores academias do ramo ou contratar uma consultoria de negócios para ajudar a detectar seus problemas, eles preferem inserir várias outras atividades no seu espaço. Ou, até mesmo, eles passam a ensinar outro tipo de arte marcial, apenas porque está na moda. No final, esses empresários, se é que podemos chamá-los assim, acabam se frustrando por não estar ensinando o que gostariam, eles se desmotivam e o resultado é que eles acabam não realizando bem nem uma coisa nem outra e terminam fechando seu negócio.

Quando sua empresa não estiver indo bem, não ceda ao instinto do rebanho, ao invés disso, lembre-se do capítulo "Seja focado no Seu Negócio", descubra qual é o problema, busque a solução e coloque todo seu foco no seu negócio, somente assim você conseguirá alavancá-lo e conquistar o sucesso.

Sobre não ceder ao instinto do rebanho

Para um homem de negócios o principal fator para levá-lo ao sucesso é o foco. A pessoa que atira para todos os lados, que vai atrás de uma coisa, depois, vai atrás de outra, não consegue levar nada adiante, por essa razão é que seguir modismos se torna perigoso no mundo dos negócios.

Código de Conduta Para Ser Bem-Sucedido nos Negócios

Em nenhuma circunstância andar com o rebanho é positivo. Até mesmo no sentido pessoal esse comportamento é prejudicial. O melhor é saber quem somos; do que gostamos; com quem queremos andar e deixar isso bem definido. Para muitas pessoas, fazer o que a maioria faz é a única opção, mas, até mesmo dentro do âmbito pessoal o indivíduo acaba perdendo, pois, o lucro vem com a autenticidade e a criatividade e andar com o rebanho não comporta nem uma coisa nem outra.

Todo empresário deve tomar muito cuidado para não entrar nesse caminho vazio, pois, a moda vem e vai, ela não deixa o campo firme para que o empreendedor invista em algo certeiro. Andar com o rebanho é o mesmo que pisar em um campo minado, uma hora você pisa em uma mina e tudo vai para os ares, portanto, não se deixe iludir, analise o mercado e invista em alguma coisa que realmente faça de sua empresa um modelo de sucesso.

Não Lute Contra a Sazonalidade

A sazonalidade é uma situação que se repete em algumas épocas. Esse termo é usado para falar sobre os períodos do ano em que os negócios tendem a aumentar ou diminuir por causa da força da natureza, de datas comemorativas ou quaisquer outros eventos especiais que aconteçam todos os anos e que influenciem nos negócios, como, por exemplo: o verão, o inverno, o outono, a primavera; o carnaval, a volta às aulas, a Páscoa, o Dia das Mães, o Dia dos Pais, o Dia das Mulheres, das Crianças, o Natal, etc.

Os efeitos da sazonalidade podem ser diversos. Aumento ou baixa de preços; facilidade ou dificuldade de crédito; promoções mais intensas ou menos evidentes; dificuldade na compra de certos produtos; redução ou aumento na oferta e na procura por determinados produtos são alguns exemplos de consequência que a sazonalidade pode trazer. Os preços, a produção, o poder de aquisição das pessoas também são algumas decorrências desse evento e assim por diante.

Muitas pessoas pensam que a sazonalidade só ocorre para determinados tipos de negócios. Normalmente, elas têm esse pensamento porque consideram que a sazonalidade ocorre somente dentro do mesmo ano, em períodos predeterminados como as datas especiais que citei acima. Entretanto, existem eventos importantes que ocorrem de quatro em quatro anos, como a Copa do Mundo de Futebol e as Olimpíadas. Esses eventos influenciam muitos tipos de negócios, o mais beneficiado nesses períodos, por exemplo, é o turismo. Há, também, acontecimentos específicos, como a Bienal Internacional do Livro de São Paulo e do Rio de Janeiro, que basicamente afetam somente os negócios relacionados a livros.

A sazonalidade é um fenômeno que afeta tanto as pessoas quanto as empresas. Não é algo que depende de nós, ou seja, ela não está sob o nosso controle, portanto, querendo ou não, a sazonalidade irá ocorrer, assim sendo, como empresários precisamos aprender a administrá-la, nos precavendo ou tirando proveito dela.

Identifique a sazonalidade

A estatística é a melhor ferramenta para descobrirmos a sazonalidade da nossa companhia. Precisamos entender historicamente, ao longo dos anos, como a nossa empresa se comportou mês a mês em termos de faturamento, vendas de produtos ou prestação de serviços.

Uma estatística desse tipo pode nos revelar a qual período do ano teve um faturamento acima da média ou à época em que mais vendemos determinado produto ou serviço. Um levantamento desse tipo nos leva, também, a qual período nossa empresa faturou menos ou vendeu abaixo da média determinado produto. Com essas informações podemos identificar qual a sazonalidade da nossa companhia e nos prepararmos para ela.

Podemos facilmente reconhecer a sazonalidade de determinados produtos. Sorvete, ventilador, ar-condicionado, protetor solar, naturalmente vendem mais no verão. Blusa de frio, cachecol, touca, bota vendem mais no inverno do que no verão. O empresário que sabe aproveitar a sazonalidade, certamente, chegará mais longe do que os demais. É preciso estar inteirado do que acontece na sua empresa e no mercado como um todo para, assim, poder enxergar as oportunidades e tirar proveito das situações que são favoráveis para o nosso negócio.

Adapte-se à sazonalidade

Após descobrir a sazonalidade que envolve a nossa empresa, precisamos nos adaptar a ela, por exemplo, na TSKF nossos melhores meses são os de fevereiro, março, abril, maio, setembro e outubro e os piores são novembro, dezembro e janeiro. Portanto, temos que trabalhar muito para matricular o maior número de alunos possível nos melhores meses. Quanto ao pior período, além de aumentar a divulgação, nosso empenho é dobrado para angariar novos clientes. Fora isso, para compensar, nós sempre promovemos cursos extracurriculares ou organizamos algum evento especial, como uma peça teatral, por exemplo.

Outra situação que devemos estar atentos é que, por exemplo, no verão não podemos ter nosso estoque cheio com produtos de inverno e vice-versa. Temos que encontrar uma maneira de, no final do verão, reduzir o estoque dos produtos dessa temporada e fazer o mesmo no inverno. Uma boa opção para diminuir ou eliminar esse tipo de material estocado é através de uma promoção de vendas.

Produtos parados no estoque é dinheiro estocado que poderia estar gerando lucro, assim, como empresários, precisamos nos adaptar à sazonalidade para aproveitarmos a chance de unir nossos recursos à oportunidade certeira.

Aproveite a sazonalidade

Existem muitas maneiras de se tirar vantagem da sazonalidade, como em promoções de estações climáticas; em festividades como o carnaval; situações rotineiras como a volta às aulas; em eventos como a Páscoa, o Dia das Mães, o Natal, etc.

Um homem de negócios de visão pode usar estratégias mais elaboradas, como, por exemplo, no verão, comprar produtos mais baratos em outra nação onde seja inverno e revender mais caro em seu país.

Em termos de sazonalidade o planejamento e a estratégia são as melhores ferramentas para manter a saúde financeira do seu negócio e, também, para expandi-lo.

Código de Conduta Para Ser Bem-Sucedido nos Negócios

Sobre não lutar contra a sazonalidade

A esperteza é uma qualidade que deve ser inerente ao empreendedor. Quando o empresário sabe fazer uma leitura da sazonalidade ele demonstra astúcia e, certamente, conseguirá usufruir dos períodos favoráveis ao seu negócio.

Não lutar contra a sazonalidade é não vender sorvete em uma época em que a temperatura está abaixo da média. Ora, se está muito frio, naturalmente, você deve procurar algo para seu negócio que se adapte a esse clima, ou seja, venda cachecol. Posso estar sendo simplório com esses exemplos, mas, grosso modo, é exatamente isso que o empresário tem que fazer, ele precisa identificar a sazonalidade de mercado e saber usufruir dela. Não estou sugerindo aqui que o empreendedor perca o foco de seu negócio, não é isso, o que quero dizer é que, dentro daquilo que é oferecido, há maneiras de se aproveitar a sazonalidade sem fugir do segmento que compete ao ramo proposto, basta que o empresário vislumbre o momento, conheça sua empresa e tire proveito dos períodos favoráveis.

É preciso estar de olhos bem abertos para enxergar os momentos benéficos e, também, é necessário estar preparado, ou seja, se valer de estatísticas da empresa para, assim, poder colocar em prática uma ação que resolva determinada situação de estoque ou que eleve seu faturamento.

Como em todas as situações que envolvem o mundo dos negócios, não ir contra a sazonalidade é um dos caminhos para se tornar um empresário de sucesso. Fique de olho!

Mestre Gabriel Amorim

Não Seja Resistente a Mudanças

Não importa a velocidade com que o mundo muda, mas, sim, a velocidade com que nos adaptamos às mudanças. Como empresários, precisamos saber se a mudança (tendência de mercado) está ocorrendo, se já ocorreu ou se é apenas um modismo e, aí, então, agir de acordo com o momento ou a situação.

Resistir a mudanças é algo que acontece por muitas razões, porém, na maioria dos casos, a resistência ocorre por que as pessoas estão defendendo algo que é importante para elas, como, por exemplo, sua zona de conforto; o poder ou sua posição. Não adianta nada opor-se às mudanças, isso só acelera o processo, fazendo com que a pessoa concretize mais cedo o seu temor.

Esse tipo de comportamento é inerente ao ser humano e pode ser ocasionado por muitos fatores cujo homem de negócios deve se manter distante, para poder ir em frente com seu empreendimento. Vou relacionar abaixo alguns desses fatores, que, certamente, podem desencadear uma catástrofe para os negócios:

Arrogância: quando a pessoa acredita que ninguém é melhor do que ele, consequentemente, na cabeça dessa pessoa ninguém é capaz de fazer o que ele faz. Se um empresário agir assim, provavelmente, ele vai colocar tudo a perder. As pessoas detestam gente arrogante, elas fogem desse tipo de sujeito. É claro que para o homem de negócios isso não é bom, afinal, ele precisa ter as pessoas do lado dele, tanto para ajudá-lo com seu negócio, quanto para vender o seu produto ou serviço.

Orgulho: quando a pessoa prefere sustentar sua maneira de fazer as coisas mesmo sabendo que a sugestão do outro pode ser a melhor solução. O indivíduo orgulhoso faz isso apenas para não dar o braço a torcer, para mostrar que a sua maneira de fazer as coisas é a correta. Agindo assim, a pessoa que é orgulhosa só vai colher inimizades, agora, imagine isso para alguém que oferece um produto ou um serviço.

Medo do desconhecido: quando por medo do desconhecido a pessoa fica paralisada temendo fracassar quando tenta algo diferente. Normalmente, esse indivíduo prefere continuar na sua zona de conforto. No mundo dos negócios isso não é nada bom por que impede que o empresário cresça, pois, ele acaba não arriscando.

Falta de confiança: quando a pessoa sabe que precisa mudar, porém, não tem coragem suficiente para isso. O empresário que não tem confiança acaba preferindo continuar na sua zona de conforto ao invés de investir no conhecimento que viria junto com a confiança.

Essas condutas levam à resistência. As pessoas que agem assim não querem saber de mudanças, pois, estão presas a comportamentos destrutivos que as cegam e as bloqueiam para o novo.

O processo de mudança é natural é, muitas vezes, inevitável. A era da agricultura durou milhares de anos, o período industrial persistiu por mais centenas de anos; agora, estamos na era da informação, na qual as coisas se transformam constantemente e a informação viaja à velocidade da luz. Porém, como falei no início deste capítulo, não importa o quão rápido ou quão devagar as mudanças aconteçam, o que vale mesmo é a velocidade com que reagimos e nos adaptamos a elas.

Sejam quais forem as razões ou a época em que as mudanças ocorram, resistir a elas é fatal. Não é nada inteligente fugir ao novo, principalmente se você é um empreendedor.

Resistir é morrer

Vamos supor que você está na era da agricultura e é um fazendeiro. Para limpar sua terra você usa a enxada; para arar você utiliza bois e para plantar você usa as mãos. O tempo passou e, de repente, você nota que o dono da fazenda ao lado está utilizando um trator para limpar a terra; ele tem um arado a motor e uma máquina para plantar feijão; porém você resolve continuar a fazer como sempre fez, porque, afinal de contas, você acha que não é assim que se limpa a terra e onde já se viu usar uma máquina para plantar feijão? Muitas vezes, é impossível resistir às mudanças; se você é teimoso e insiste em ficar na sua zona de conforto, você está chamando a morte para o seu negócio.

Como já mencionei no início, a oposição às mudanças é inerente ao ser humano. Sempre houve relutância a quase tudo que temos hoje. Lembro-me que quando surgiu a caneta esferográfica não podíamos usar na escola. Por um tempo, ainda fomos obrigados a usar caneta a tinteiro para escrever. No final, todos se renderam à esferográfica. O mesmo que ocorreu com a caneta está acontecendo atualmente com o uso do computador em sala de aula, porém, mais cedo ou mais tarde, todos terão que ceder à tecnologia e os computadores serão uma realidade nas escolas.

Quem quer ficar para trás? Você deseja ver o seu produto ou o seu serviço fora do mercado? É claro que não, por isso não seja resistente, se entregue às variações que o mundo oferece, lembre-se que ser arrojado é uma das qualidades que o homem de negócios deve ter.

Resistir ao novo é uma atitude insensata. Sempre há algo positivo lá na frente, é preciso estar aberto às transformações.

Sobre não ser resistente a mudanças

Para muitas pessoas, mudança é um bicho cabeludo, mas, para o empresário ela deve ser como orvalho que traz uma doce umidade à flora. Sim, o empreendedor deve ver as mudanças como algo positivo, ele precisa estar preparado para as variações que vêm tanto repentinamente, como a logo prazo; às vezes elas estão sob o nosso controle, outras, elas escapam a nossa influência. De qualquer modo, as mudanças devem ser sempre bem-vindas, pois, elas tendem a trazer movimento aos negócios e, principalmente, à nossa vida.

Todos nós estamos sujeitos a mudanças. O mundo muda, o pensamento das pessoas se transforma; as coisas não são estáticas. Essa é a graça da vida. Resistir às transições que o tempo nos apresenta é tolice, se você agir assim, você vai travar uma luta árdua com aquilo que está ao seu redor. Será uma batalha inútil, pois, mudar é preciso.

No mundo dos negócios a paralisação é mortífera. O empreendedor tem que estar aberto às transformações, muitas vezes, ele vai precisar ir atrás delas para ampliar os horizontes do seu negócio.

Resistir às mudanças é improdutivo. É fundamental que o empreendedor esteja preparado para o novo, ele precisa estar vigilante para perceber o que pode mudar em seu negócio. O empresário tem que se adaptar à modernidade e arriscar.

Às vezes, as mudanças se fazem necessárias. Se o negócio não está indo para frente tem que se fazer alguma coisa. É nessa hora que o homem de negócios precisa ser astuto e colocar as mudanças necessárias em prática para não ficar para trás. Algumas modificações podem parecer imperceptíveis, mas elas não deixam de ser importantes. É preciso estar acessível ao novo, essa é a decisão mais inteligente. A resistência às mudanças prende os pés do empresário no cimento e ele fica incapacitado de ir adiante.

Opor-se à inovação é travar no meio do caminho; você está tocando o seu negócio, mas não muda, não acompanha o mercado, o que vai acontecer é que uma avalanche vai cobrir o seu futuro.

Esteja disposto a mudar, livre-se do orgulho, da arrogância, de seus medos; saia da zona de conforto e mude.

Não Compre a Crédito em Excesso

Comprar a crédito em excesso definitivamente não é uma atitude inteligente. O fato de o título deste capítulo conter a palavra excesso já denota um problema sério de falta de autocontrole e disciplina quando o assunto é comprar a crédito.

A falta de autocontrole não é pertinente a um cargo de liderança. Um homem que não consegue controlar a si mesmo jamais conseguirá liderar outro homem. O empresário que compra a crédito excessivamente não somente está colocando em risco sua situação financeira como também a de seus colaboradores; a saúde financeira de sua organização depende também da maneira saudável com que você leva sua vida no sentido de organização e disciplina.

Não podemos prever o futuro, portanto, comprar a crédito por si só já pode ser um problema, imagine fazer isso de modo exagerado. Diante disso, a compra a crédito deve ser algo muito bem planejado, caso contrário, pode-se gerar sérios danos tanto para nós mesmos quanto para as pessoas que dependem de nós, como os nossos colaboradores e a nossa família. Por maior que seja o planejamento jamais saberemos o que pode acontecer mais à frente em nossa linha do tempo. Mudanças político-governamentais podem surgir, por exemplo, e elas podem afetar o nosso negócio a ponto de não conseguirmos arcar com o pagamento.

Como empresários, temos muitas responsabilidades, uma delas é o fato de pessoas dependerem de nós para o seu sustento; por essa razão é que precisamos ter o dever de zelar pela saúde financeira de nossa empresa, caso contrário, podemos quebrar e em consequência disso corremos o risco de ocasionar sofrimento a muitas famílias. Isso significa que temos uma responsabilidade social muito grande, como empreendedores, consequentemente, nós não podemos cair em tentação e comprar a crédito compulsivamente. A partir do momento que nos tornamos empresários não é aceitável pensarmos somente em nós mesmos.

Controle seus gastos

Assim como gastar, controlar os gastos também é um hábito. Ter o controle sobre os gastos significa avaliar se o que queremos comprar é realmente necessário. Na maioria das vezes não é. Como regra, antes de comprar alguma coisa eu sempre me pergunto: "Posso viver sem isso?". Ou, então: "Posso esperar para comprar mais adiante quando eu tiver o dinheiro para pagar?" Se a resposta for sim, eu não compro. Acredito que essa seja a maneira mais simples de controlar gastos.

A maioria das pessoas que conheço compram as coisas sem nenhuma necessidade. Conheço uma pessoa que vive na pendura, porém, ela tem mais de cento e cinquenta pares de sapatos e mais de cinquenta saias. Se perguntarmos o porquê de tanto sapato e tanta saia, ela dirá que precisa dessas coisas, nessa quantidade. Eu tenho um notebook que tem mais de dez anos, equipamento esse que já comprei de segunda mão e ele ainda me serve muito bem. Nesse mesmo período, alguns colegas meus, que possuem bem menos recursos do que eu, já trocaram por três ou quatro vezes seus notebooks. Se perguntarmos a eles o porquê disso, eles dirão que precisaram comprar equipamentos novos.

Não estou querendo dizer que você deva ser mão de vaca, muito pelo contrário, acredito que todos nós devemos nos presentear de vez em quando. O que quero dizer é que não é uma boa ideia comprar compulsivamente ou, então, por que seu amigo tem algo que você não tem, principalmente se a compra for com cartão de crédito. Pessoas compulsivas ou que compram por impulso não deveriam ter cartão de crédito, pois, para essas pessoas é como colocar a corda no pescoço, elas se enforcam nas dívidas a cada dia e não conseguem sair dessa teia de gastos.

Quite seu cartão de crédito

A maioria das pessoas que compram com cartão de crédito acredita que o cartão é uma extensão de seu dinheiro, portanto, para elas, é um recurso disponível para gastar quando quiserem. O cartão de crédito, como o nome já diz, é um crédito, ou seja, um empréstimo, consequentemente, cedo ou tarde, ele precisará ser pago. Como todos nós sabemos, os juros dos cartões de crédito no Brasil são altíssimos, costumam estar acima de 100% ao ano, nesse caso, é tolice achar que cartão de crédito é dinheiro na mão.

Outro erro grave que as pessoas cometem é pagar o valor mínimo do cartão, isso transforma a dívida em uma bola de neve, fazendo com que o débito fique cada vez mais difícil de quitar. A maioria das pessoas nem mesmo conhece as condições do crédito, como, por exemplo, as taxas de juros, a data de corte, o vencimento, etc. Como é possível controlar algo que não se conhece?

O cartão de crédito, quando bem utilizado, é um facilitador que não podemos dispensar; porém, nós temos que ter certeza de que no dia do vencimento teremos dinheiro suficiente para quitar o saldo, caso contrário é melhor não utilizar esse recurso, o ideal é deixar para comprar o que deseja quando você tiver dinheiro.

Evite pedir empréstimos

Tão ruim quanto comprar a crédito com excesso é pedir empréstimo de modo exagerado. Solicitar um empréstimo já é ruim, excessivamente, então, é muito complicado. É o tipo de coisa que, certamente, poderá nos quebrar financeiramente.

Normalmente, quando se pede dinheiro emprestado temos que dar uma garantia, pode ser algum bem, como, por exemplo, a nossa casa ou, até mesmo, a nossa própria empresa, portanto, as consequências de requerer empréstimos em excesso podem ser gravíssimas tanto para nossa empresa quanto para os nossos colaboradores e até mesmo a nossa família pode ser afetada.

Está claro que, como empresários, temos que planejar muito bem nossos gastos e avaliar se o risco vale a pena. O melhor é aguardar até que consigamos juntar o dinheiro suficiente para adquirirmos o que desejamos. Além do mais, quando temos recursos financeiros disponíveis sempre conseguimos um bom desconto por pagar à vista.

Sobre não comprar a crédito em excesso

A vida de cada pessoa é levada conforme ela deseja, entretanto, convém ser prudente. Eu já falei sobre prudência em várias partes deste livro e eu acho que nunca é demais retomar esse assunto. Neste capítulo, a prudência cabe perfeitamente bem, pois, comprar a crédito de modo exagerado é o oposto de ser prudente. Ser sensato na hora de comprar é a primeira coisa que uma pessoa que está envolvida com negócios deve fazer.

Evidentemente, um indivíduo que pretende ser um empresário precisa pensar em todos os passos que isso implica. Se essa pessoa tem uma vida desregrada, ela terá muita dificuldade para lidar com seu empreendimento. Se você não tem regras claras na sua vida pessoal, por que teria como empresário?

Controlar os gastos é um princípio básico para ser bem-sucedido. Não há conexão em gastar em excesso e prosperar em seu negócio. Se você não tem freios para comprar a crédito, você não vai a lugar nenhum, pois, você vai estar tão afundado em suas dívidas que não vai ter recursos para investir em seu negócio e, pior que isso, você pode levar o seu empreendimento à falência.

Como empresários, é fundamental que tenhamos controle do uso do cartão de crédito, que saibamos comprar e que quitemos nossas dívidas, caso contrário, estaremos fadados ao fracasso.

Saber comprar é o básico para não provocar uma avalanche sobre a nossa vida. Pense nas perguntas que sugeri um pouco mais acima, quando você quiser adquirir alguma coisa que deseja. Você realmente precisa dessa coisa? Você pode esperar para comprar quando tiver dinheiro suficiente para essa aquisição? Avalie. Pense. Lembre-se de que você não está sozinho, você tem responsabilidades, se você se descuidar poderá levar muita gente com você e isso seria uma calamidade.

Para ter sucesso é vital que sejamos regrados quando o assunto são os gastos, é imprescindível que nos tornemos criteriosos na hora de gastar, só assim preservaremos a saúde financeira de nossa empresa e faremos com que nosso negócio seja próspero.

Não Gaste Suas Reservas

Quando a crise chega ao fundo do poço a tendência do mercado é subir e quando ela chega ao topo os negócios tendem a cair. Como empresários, precisamos ter a sensibilidade de identificar esses cenários e agir de acordo com o momento ou a situação.

O mais comum quando o país, a empresa ou uma pessoa está vivendo um momento de vacas gordas é as pessoas aproveitarem para gastar o máximo que podem, principalmente comprando passivos, se divertindo ou viajando, como se a crise nunca mais fosse retornar. Entretanto, como falei anteriormente, a tendência do mercado quando chega ao topo é cair e quando isso acontece, fatalmente, o desespero toma conta.

É por isso que é importante termos sempre uma reserva. Gastar nossas economias pode gerar consequências irreversíveis tanto para a nossa empresa quanto para nós mesmos. Precisamos entender que a reserva funciona como um seguro contra reveses e, também, como recurso para aproveitarmos as oportunidades, principalmente àquelas que aparecem em função da crise. As tensões financeiras provocadas por uma crise podem gerar oportunidades para se ganhar dinheiro, especialmente quando temos reservas acumuladas. Em meio à crise, as oportunidades podem aparecer repentinamente e se nós não estivermos preparados não saberemos aproveitá-las.

É muito comum, também, as pessoas começarem a se desfazer de suas reservas durante a crise. Eu não considero essa atitude muito inteligente. Nessa situação, sábio é quem consegue aproveitar as reservas para investir em bens que podem ser vendidos por um valor muito mais alto quando o mercado estiver no topo, e a procura por esse bem específico estiver em alta. Portanto, meu conselho é: nunca se desfaça de seus bens durante a crise, exceto no caso de que sua necessidade se torne insuportável e você realmente precise utilizá-la para poder sobreviver.

Mantenha suas reservas fortes

Manter nossas reservas fortes pode nos ajudar a escapar da crise, bem como aproveitar as grandes oportunidades que aparecem por causa dela, assim como as que aparecem repentinamente ao longo do nosso percurso.

Em 2011 dois anos depois que montei minha unidade no bairro da Mooca, em São Paulo, recebi um comunicado da imobiliária que cuidava do imóvel informando que ele seria vendido. Nesse caso, o escritório estava me avisando com antecedência, já que, conforme a lei, o inquilino tem o direito de preferência para adquirir o imóvel no qual está locado. Dizia o comunicado que eu tinha um mês para decidir se ficaria ou não com o imóvel. Para nós, seria um transtorno termos de encontrar outro local em tão pouco tempo, além do mais, nenhum dos meus sócios tinha recursos suficientes para arcar com as despesas que ocorreriam em função da mudança, afinal, seria como montar uma unidade nova. Portanto, seria inviável mudar, fora a perda financeira que teríamos.

O que aconteceu foi que minha reserva era forte, então, decidi comprar o prédio que custou um milhão e duzentos mil reais, à vista. Um mês depois que comprei o imóvel, a empresa que iria comprar o prédio, me ofereceu um milhão e quinhentos mil reais para que eu o vendesse para eles. Essa é apenas uma das razões pelas quais devemos manter nossas reservas sempre fortes.

Como empresários, precisamos ser tanto diligentes quanto sensatos, caso contrário, podemos perder nosso negócio e arruinar com a nossa vida. Ainda tem a questão de que podemos acabar, também, com a vida de muita gente. Nossas decisões com relação ao dinheiro devem ser muito bem pensadas, caso contrário, elas poderão nos levar a bancarrota.

Sobre não gastar suas reservas

Aí vem a prudência novamente. Quando não gastamos nossas reservas nos tornamos cautelosos, ou seja, somos capazes de superar as adversidades advindas da crise ou, melhor ainda, podemos agarrar uma oportunidade excepcional que venha a surgir repentinamente.

O cuidado com os gastos, por si só, não é completamente satisfatório. Como mencionei no capítulo anterior, nós devemos, sim, ser precavidos quando o assunto é gastar, porém, além disso, é necessário que tenhamos sabedoria para reservar recursos a ponto de não nos preocuparmos com o que virá pela frente. Se você tem uma boa reserva, você fica com a sua consciência tranquila, pois, sabe que, facilmente, você passará pelas situações mais difíceis. Ou, então, você se sentirá extremamente feliz quando aparecer a oportunidade que você estava esperando, pois, terá segurança para investir nessa ocasião especial.

Código de Conduta Para Ser Bem-Sucedido nos Negócios

Eu sempre aconselho as pessoas a manter uma reserva forte, pois, por experiência própria, eu posso garantir que esse é o melhor método para conservar o seu negócio mesmo diante de uma crise.

Quando a crise vem é comum as pessoas se desesperarem e entrar no senso comum de que tudo está perdido. Mas, um empresário não pode agir assim, principalmente se ele for precavido. Se o empreendedor não tiver uma reserva forte o que vai acontecer é que a empresa dele pode ir à bancarrota. No mundo dos negócios, alguém que não tenha um bom dinheiro guardado dificilmente resistirá à crise, isso é fato.

Seja esperto, guarde seu dinheiro, fortaleça sua reserva e você verá quantos benefícios essa simples atitude lhe trará.

Não Ateste Produtos Cegamente

Não é porque os produtos ou serviços de uma determinada marca sempre foram de boa qualidade que vão continuar sendo a vida toda. Muitas coisas podem mudar ao longo do tempo e, como empresários, precisamos estar atentos a cada nova remessa de produtos ou serviços que surgem no mercado.

Durante a existência de uma companhia, podem acontecer muitas mudanças tanto para melhor quanto para pior; consequentemente, precisamos ter certeza de que os produtos que estamos adquirindo continuam com o mesmo padrão de qualidade de sempre. Os empresários ou gestores de uma companhia podem passar por transformações e, juntamente com eles, a qualidade de seus produtos ou serviços também podem sofrer alterações. Marcas que, no passado, foram reconhecidas como de alta qualidade podem, simplesmente, não ter mais esse status de uma hora para outra.

A qualidade dos produtos de nossa marca preferida pode não mais corresponder às nossas expectativas, portanto, não é aconselhável que confiemos cegamente naquilo que temos o costume de adquirir. Como estamos acostumados com determinada marca, é provável que sigamos esse caminho de comprar de olhos vendados, simplesmente porque sempre compramos produtos de determinada marca. Se agirmos assim, podemos estar pagando caro por um produto de má qualidade quando poderíamos encontrar no mercado o mesmo tipo de produto por um preço parecido com qualidade superior.

O mercado de produtos e serviços é composto por inúmeras marcas, por essa razão, temos que avaliar bem o que estamos adquirindo, essa ação deve ser ininterrupta para que não caiamos na armadilha de pagar caro por algo com uma qualidade inferior. Fora isso, há muitas falsificações dentre tantas opções que existem no mercado, por isso precisamos ficar atentos para não comprar gato por lebre.

Além dessa questão sobre a aquisição de produtos ou a contração de um serviço, existem outras situações que devemos evitar, como o ato de endossar pessoas. Não é porque alguém nunca tenha nos feito mal que devamos colocar a nossa mão no fogo por essa pessoa. Muitas vezes, o indivíduo com quem convivemos por muitos anos, repentinamente, pode mudar de atitude por influência de alguém ou por dinheiro e, a partir daí essa pessoa começa a praticar maus atos que antes não praticava. Lembre-se do ditado "Diga-me com quem tu andas que te direi quem és". Endossar pessoas não é uma atitude muito inteligente, principalmente para o homem de negócios; se somos empresários não devemos sair por aí confiando plenamente em todo mundo e indicando para os outros, é preciso que tenhamos cautela quando se trata de acreditar nas pessoas.

Código de Conduta Para Ser Bem-Sucedido nos Negócios

A maioria dos indivíduos é corrompível, somente alguns se salvam. Posso citar vários fatores que corrompem as pessoas, mas um deles é simples e está presente na vida de todo mundo, que é o dinheiro. O dinheiro é um dos maiores desafiadores do caráter humano, portanto, quanto maior a quantidade de valores envolvida em um negócio, mais intensas devem ser as nossas precauções. Essa é apenas uma das razões pelas quais eu dediquei um capítulo inteiro deste livro falando sobre como ser um bom juiz de caráter. Essa prática, de saber julgar a conduta das pessoas, é imprescindível para os negócios.

Sobre não atestar produtos cegamente

Não há motivos para um homem de negócios sair por aí atestando a qualidade de tudo quanto é produto ou serviço. Por que ele faria isso? Porque ele compra há anos a mesma marca? Sim, isso é possível, mas não é a melhor coisa a se fazer. Mesmo que estejamos acostumados com determinado produto, isso não significa que essa mercadoria vá ser eternamente impecável; muitas vezes, a qualidade da marca cai e é nesse momento que, como empresários, temos que ser cuidadosos e observar se vale à pena mesmo continuar adquirindo tal produto.

Acreditar cegamente naquilo que nos oferecem é uma atitude ingênua. O empresário tem que ser frio, ele precisa saber avaliar suas aquisições para julgá-las de maneira realista. Não há necessidade de se sair por aí atestando às escuras determinados produtos ou serviços. O empresário inteligente não se deixa envolver, ele observa, analisa e corta, quando necessário, a raiz do mau costume.

Código de Conduta Para Ser Bem-Sucedido nos Negócios

O mesmo deve acontecer quando o assunto é endossar pessoas. Um homem de negócios não pode ser tão inocente assim, é preciso confiar, desconfiando; é fundamental olhar a fundo e saber analisar o caráter das pessoas para perceber a hora de sair de mansinho quando a parceria não vale à pena.

Quando se está no mundo dos negócios é necessário ser sagaz, isso significa não se deixar ir conforme a maré, é essencial que o empresário tenha olhos de águia e sangue frio para abandonar aquilo que não lhe convém e abraçar o que pode fazer de sua empresa uma das melhores do mercado.

O Segredo Para Ter Sucesso Como Empresário

Como já mencionei anteriormente, as estatísticas nos mostram que mais da metade das empresas fecha antes de completar cinco anos de vida e que após esse período esse número tende a aumentar.

Isso acontece principalmente por falta de educação empresarial orientada aos negócios, entretanto, existe um fator que é tão, ou mais, importante quanto a ausência de um ensino adequado que é a transformação pela qual o indivíduo que deseja se tornar empresário precisa passar.

Podemos ter empregados com mentalidade de empresários, porém, jamais teremos empresários bem-sucedidos com mentalidade de empregado. Para uma pessoa se tornar empresária, ela precisa passar por um tremendo processo de transformação interior. O que acontece é que a maioria das pessoas não está disposta a passar por esse processo de mudança, principalmente porque elas têm que sair de sua zona de conforto e isso é muito doloroso e exige muito esforço.

Empregados fracassam como empresários porque enquanto estão trabalhando, ao invés de treinarem para que sejam bem-sucedidos como empreendedores, eles se adestram para fracassar quando agem com a mentalidade de empregados. Ao invés de trabalhar cada vez mais e melhor para ajudar sua empresa a crescer, normalmente, os empregados preferem fazer apenas o suficiente para, assim, não ser demitido. Costumo dizer o seguinte: funcionários trabalham o mínimo para não serem demitidos e patrões pagam o mínimo para manter os empregados. É muito comum, os colaboradores de uma empresa trabalharem somente o período de seu expediente, enquanto que os empresários bem-sucedidos se dedicam ao trabalho o tempo todo e em qualquer lugar.

Outra diferença entre empregados e patrões é que os colaboradores de uma companhia tentam tirar o máximo de vantagem de seus patrões, enquanto que os patrões fazem de tudo para se proteger pagando, dentro da lei, o mínimo, ou seja, o limite, assim não serão processados por seus funcionários. A pessoa que é contratada por uma companhia acredita que seus patrões são mercenários, por isso é que, normalmente, ela faz de tudo para destruí-los, inclusive atentando contra sua reputação e imagem. Alguns empregados faltam ao serviço e, depois, arrumam um atestado médico falso para que sua falta seja abonada, esse tipo de atitude fortalece sua mentalidade de empregado, funcionando como uma espécie de treinamento para o fracasso e se eles desejam ser empresários algum dia não vão conseguir atingir o sucesso.

Para se tornar empresário, o empregado deve agir como se a empresa fosse dele, desse modo, ele estará transmitindo a mensagem do sucesso para sua mente e poderá se tornar bem-sucedido.

Todo aquele que almeja empreender, precisa passar por profundas mudanças comportamentais. Essas mudanças são intensas e dolorosas, a maioria das pessoas se opõe às transformações e, por causa disso, falham. No meu caso, para que eu mudasse, precisei passar por uma lavagem cerebral completa, para diluir toda sujeira que fora colocada em minha mente pelo governo, pela sociedade, pela minha família, pelos meus professores e amigos. Consegui passar por uma transformação lendo quase mil livros e assistindo centenas de palestras. Hoje, estou vacinado contra o senso comum.

Atualmente, o condicionamento de massa é tão grande que a maior parte das pessoas abomina ler livros de autoajuda. Segundo elas, esse tipo de livro funciona como uma lavagem cerebral, por isso elas repudiam essa literatura. Sabe de uma coisa? Essas pessoas estão certas. Livros têm mesmo o poder de fazer uma lavagem cerebral, mas, uma coisa é certa, não será escutando o governo, a sociedade, a família, os professores ou os amigos que você conseguirá adquirir a mentalidade necessária para se tornar bem-sucedido no mundo empresarial, exceto, é claro, se os indivíduos com quem você convive são empresários bem-sucedidos.

Seja o capitão do seu próprio navio

Ser o capitão do seu próprio navio não é uma coisa simples, grosso modo, isso significa que você vai tomar posse de sua vida e assumir suas decisões, consequentemente, vai comandar sua própria vida, esse é um lugar onde os fracos não têm vez. Como capitão do seu próprio navio, você não terá com quem reclamar ou para quem dar desculpas nos momentos mais difíceis. Muito menos, terá um ombro para chorar, você será o responsável final e a última fronteira, chegará a um lugar onde você olhará para cima, para baixo, para direita e para esquerda e terá que decidir sozinho, portanto, é um campo onde os fracos não têm vez.

Quando você tomar posse de sua vida, o governo, as leis trabalhistas, seu papai, sua mamãe e seus amigos não estarão lá para protegê-lo. Você estará por conta própria. Você não terá mais aquilo que sempre trouxe consigo como sua segurança, mas, que, na verdade, não era. Um bom exemplo disso é a ilusão de ter a carteira de trabalho assinada, é contar com o Fundo de Garantia por Tempo de Serviço, é apoiar-se no fato de ter uma assistência médica e uma aposentadoria; assim como se contentar com benefícios do tipo vale refeição, vale transporte, ticket combustível, décimo terceiro e férias de trinta dias garantidas por lei. Todas essas coisas são ilusão quando se trata de ter o comando da própria vida. Quando você chefia seu próprio navio, você estará por conta própria. É você quem terá que planejar sua aposentadoria e suas férias e o que for necessário para enfrentar suas adversidades. Por isso, não me canso de repetir, essa é uma posição onde os fracos não têm vez.

No caso do Brasil, o governo, as leis trabalhistas, parte da população e, até mesmo, muitos dos seus próprios colaboradores, serão seus maiores inimigos. Para defender seu empreendimento desses oponentes e, também, da concorrência, você terá que lutar, até a morte, como um gladiador, por essa razão, é que a decisão de tomar as rédeas da sua própria vida não é para qualquer um.

Agora, como capitão do seu próprio navio, você terá que se libertar do que chamo de Algemas de Ouro, que são as amarras emocionais que dificultam seu crescimento e, principalmente, atrapalham sua vida na hora de tomar decisões difíceis. As algemas de ouro são amarras emocionais, são as pessoas mais próximas de você, sua família, sua esposa, seus pais, seus irmãos e seus melhores amigos. Haverá muitas ocasiões em que você terá que escolher entre seu empreendimento ou a companhia dos seus parentes e amigos. Não será uma ou duas vezes que você vai ter que recusar convites para sair para festas, jantares, balada, etc. ou recusar a famosas viagens em fins de semana prolongados. Posso dizer, sem sombra de dúvidas, que, para a maioria das pessoas, é muito difícil rejeitar os convites dos amigos. São momentos como esses em que a maior parte sucumbe, principalmente quando sua esposa, marido ou melhores amigos diz coisas do tipo: "Será que você não está sendo escravo do seu trabalho?" ou "A vida é curta, o melhor é aproveitar enquanto você pode". Por quanto tempo você acha que suportaria esse tipo de coisa? Por isso que eu sempre digo que esse é um lugar onde os fracos não têm vez.

No entanto, quando assumimos nossa vida, podemos ter recompensas que jamais conseguiríamos como empregados. Temos a chance de crescer e ganhar o quanto quisermos. O limite de nossa possibilidade será a fronteira de nossa motivação e de nossa imaginação, ou seja, se pensamos grande, seremos grandes, se pensamos pequeno, seremos pequenos. No entanto, como donos do nosso nariz, teremos muitos desafios. Algumas vezes, por um tempo, teremos que fazer o que não gostamos, porém, o nosso prêmio será o maior de todos, nós teremos a nossa liberdade e isso não tem preço.

Todos querem ter os benefícios financeiros que um empreendedor possui, porém, poucos têm coragem de ser capitão de seu próprio navio. A maior parte das pessoas prefere o paternalismo, a falsa segurança de um emprego; elas escolhem acompanhar o rebanho para, assim, poder ter os benefícios da gratificação imediata. Já, o empresário, mesmo tendo medo, enfrenta os desafios e a insegurança pelo benefício de conquistar seus sonhos e sua liberdade.

Seja comprometido e responsável

Sem comprometimento, responsabilidade e palavra o empresário jamais consolidará sua reputação, portanto, esses valores devem estar acima de tudo. Essas virtudes estão para o empresário assim como o leitão está para o bacon.

Como empresários, temos muitas responsabilidades. A primeira delas é fazer com que a empresa dê lucro, a segunda é tornar nossos clientes satisfeitos, a terceira é fazer com que nossos colaboradores se sintam felizes; a quarta é a responsabilidade social, ou seja, cumprir o papel para o qual a empresa foi criada perante a sociedade, e a quinta é o encargo ecológico, ou seja, é não agredir a natureza em hipótese alguma.

Outra missão do homem de negócios é não faltar com a palavra, caso contrário, sua credibilidade ficará abalada. Precisamos levar nosso comprometimento, responsabilidade e nossa palavra até as últimas consequências. Dizem que a palavra convence, porém, o exemplo arrasta.

Código de Conduta Para Ser Bem-Sucedido nos Negócios

Valores como o comprometimento, a responsabilidade e o cumprimento da palavra não podem, de maneira alguma, serem desconsiderados na história de um empresário. Na minha vida eles estiveram sempre presentes, posso relatar várias situações, mas, vou contar duas delas que demonstram a intrepidez que é levar essas três virtudes a sério.

Em 1996, quando montei a primeira TSKF, eu ainda trabalhava como Analista de Sistemas, das 8h00 às 17h00. Toda tarde eu saía correndo do serviço para estar na academia às 18h00 e dava aulas até as 22h00. Ocorreu que um mês depois de eu ter aberto a academia eu tive uma ruptura parcial do Tendão de Aquiles, jogando futebol. Demorou sete anos para que eu sarasse completamente dessa lesão. Você tem ideia de quantas vezes eu deixei de dar aulas por causa disso? Nenhuma. Sabe quantas vezes reclamei da lesão? Nenhuma. Sabe por quê? Porque eu não tinha a quem reclamar. Eu possuía somente duas opções: desistir ou continuar. Preferi continuar.

Em 2003, por conta do campeonato mundial de Kung Fu que aconteceu no Brasil, fui convidado pela Confederação para organizar uma demonstração com cem alunos. Até aí tudo bem. Eu adoro Kung Fu e gostei da ideia.

Treinar cem pessoas para uma demonstração em conjunto não é uma coisa muito simples, é necessário ter bastante espaço, por isso, os treinamentos aconteciam no Parque do Ibirapuera. Ocorre que, naquela época, eu tinha hemorroidas, e naquele período eu estava verdadeiramente atacado. Minha hemorroida estava do tamanho de uma jabuticaba, provavelmente também da mesma cor. Como era no mês de julho doía muito por causa do frio. Os treinos no Ibirapuera ocorriam às 08h00, então, eu levantava às

06h00 para tratar da hemorroida e amenizar a dor. Certo dia, a situação se agravou. Estava eu fazendo o banho de acento e, quando levantei da bacia, percebi que no fundo havia uma pelota esquisita, era sangue coagulado da minha hemorroida que havia estourado. Nessa situação, eu tinha duas alternativas: largar os alunos esperando no Ibirapuera e simplesmente não aparecer ou ir para o treino doente mesmo. Escolhi a segunda opção. O problema é que eu estava sangrando. Para resolver esse problema, coloquei um absorvente e lá fui puxar o treino feito uma mulherzinha.

É como eu sempre digo: as desculpas, mesmo quando verdadeiras, não levam a nada. Como empresários, precisamos ter coragem inabalável, pois, o mundo dos negócios é um lugar onde os fracos não têm vez.

Esse é o verdadeiro significado de levar o comprometimento, a responsabilidade e a palavra até as últimas consequências. Para o empresário que deseja ter sucesso, é preciso praticar esses valores. É necessário ter força e coragem e enfrentar as situações mais difíceis com a cabeça erguida.

Seja duplicável e crie sistemas duplicáveis

Este Código de Conduta garante 100% de chance de você se tornar bem-sucedido no mundo dos negócios. Já, o tamanho do seu sucesso dependerá do quanto você duplicará os ensinamentos aplicados aqui. Para que isso aconteça, você precisa fazer com que seu negócio seja duplicável, logo, você terá que fazer com que sua empresa tenha um sistema duplicável.

A palavra duplicação vem do Latim "duplicatione", que é o ato ou efeito de duplicar, repetir ou copiar. Já, a palavra duplicar vem do Latim "duplicata", que significa aumentar outro tanto, tornar duas vezes maior, dobrar, fazer em duplicado ou fazer repetidas vezes. E a palavra duplicável tem o significado de que algo pode ser duplicado.

O Código de Conduta apresentado aqui fará com que você faça um enorme sucesso com seu negócio, entretanto, se você, ainda, fazer com que seu sistema de negócio seja duplicável, seu sucesso poderá ser ilimitado. Eu posso fazer um lanche muito mais gostoso do que o do McDonald's, porém, jamais conseguirei vendê-lo tanto quanto o sanduíche deles porque a maneira como eu faço o meu lanche não é duplicável.

Um sistema é um conjunto de elementos concretos ou abstratos que funcionam organizadamente, em perfeita harmonia, formando um todo a fim de cumprir uma função, assim, uma empresa nada mais é do que um sistema. E para que o sucesso seja ilimitado, esse sistema deve ser montado de maneira que possa ser duplicável. Podemos dizer que o código de conduta é como se fosse o software e os programas é quem garantem o funcionamento da empresa para que ela obtenha sucesso e cumpra sua função.

Uma empresa funciona como se fosse um sistema de computador, ela contém a direção que seria como o sistema operacional (por exemplo, o Windows). Os departamentos funcionam como se fossem os programas ou os aplicativos e as pessoas seriam as linhas de código dos programas que executam as funções, consequentemente, incluir, substituir ou extrair a direção, departamentos ou pessoas pode afetar a companhia como um todo e, até mesmo, pode fazê-la parar de funcionar.

Código de Conduta Para Ser Bem-Sucedido nos Negócios

Ter um negócio duplicável equivale a ter um sistema de computação duplicado em vários computadores, como o Sistema Windows. Não podemos negar que o sucesso astronômico do Windows se deve principalmente ao fato de ele ser duplicável, ou seja, ele pode ser colocado para funcionar de maneira semelhante em qualquer computador. Por essa razão, devemos montar nossa empresa de modo que ela seja duplicável, de maneira que ela seja capaz de funcionar em qualquer lugar do mundo, criando, distribuindo ou prestando serviços eficientemente e com qualidade; para tanto, ela deve ser mantida sob o controle de um código de conduta.

A duplicação é algo fabuloso, entretanto, devemos ter muito cuidado, pois, ela funciona tanto para as coisas corretas quanto para as erradas. Isso significa que os maiores desastres ocorrem quando duplicamos algo que está errado. Uma decisão correta implementada e duplicada corretamente pode fazer sua empresa se tornar bilionária. Já, uma decisão errada que tenha sido implementada e duplicada corretamente poderá fazer sua empresa falir.

Para demonstrar o poder da duplicação, vamos a um exemplo hipotético: o que você faria se alguém lhe oferecesse um milhão de dólares por um trabalho de 31 dias e essa pessoa lhe desse duas opções: na primeira opção você receberia o milhão de dólares adiantado, porém, na segunda, a pessoa lhe pagaria por dia, começando com um dólar e o duplicando a cada dia durante os 31 dias, ou seja, 1 dólar no primeiro dia, 2 no segundo, 4 no terceiro, e assim por diante. Quais das opções você escolheria? Essa foi uma pesquisa que foi feita e, 99% das pessoas responderam que prefeririam receber um milhão de dólares adiantado. Ocorre que se eles escolhessem a segunda opção, no final de 31 dias eles receberiam a quantia de vinte e um milhões, quatrocentos e setenta e quatro mil, oitocentos e trinta e quatro dólares. Esse exemplo demonstra o poder da duplicação e o desejo insaciável do ser humano por gratificação imediata.

Dentro da sua companhia você precisa fazer com que todos os processos sejam duplicáveis. Na TSKF, por exemplo, nosso atendimento telefônico é padrão com poucas variações; nossa ginástica é padrão, apenas com algumas modificações, de vez em quando, para promover a motivação; nossa maneira de puxar as aulas também é padronizada, nós tratamos cada aluno de modo diferente porque entendemos que ninguém é igual. Assim, por mais novato que um de nossos instrutores seja ele é capaz de puxar uma aula tão bem quanto qualquer outro. Esse tipo de duplicação permite que nossos alunos possam treinar em qualquer uma de nossas unidades, ou seja, consentimos que nossos alunos treinem em qualquer uma das unidades da TSKF porque sabemos que ele será bem tratado e aprenderá tão bem quanto na unidade que ele costuma frequentar. Esse é o sentido da duplicação.

Assim, para se tornar um homem de negócios verdadeiramente bem-sucedido, você precisa primeiro seguir um código de conduta como este, que é duplicável; em segundo lugar você tem que montar sua empresa como sendo um sistema duplicável e, terceiro, você, pessoalmente, precisa se tornar duplicável, ou seja, é necessário que você aja como sugere este Código de Conduta e consiga persuadir os demais a fazer o mesmo que você, melhor dizendo, que você consiga convencê-los a lhe duplicarem. Quando você ajuda as pessoas a seguir o caminho do sucesso, você chama o sucesso para si mesmo, esse é o segredo da duplicação.

Sobre O Segredo Para Ter Sucesso Como Empresário

Muitas coisas passam pela minha cabeça quando o assunto é ser bem-sucedido nos negócios. Eu vivi situações diferenciadas, passei por muita coisa, caí, levantei, caí de novo, levantei de novo e assim foi a minha trajetória. Minha experiência me proporcionou selecionar os itens expostos neste Código de Conduta com um único intuito: o de duplicar. Meu desejo é que todo indivíduo que tenha vontade de se tornar um empresário bem-sucedido tenha em mãos regras básicas para seguir em frente e ter o sucesso merecido. O que eu falo aqui, neste livro, eu pratiquei e pratico na minha vida pessoal e nos meus negócios. Levo muito a sério cada norma deste Código e foi assim que, mesmo vindo do nada, eu cheguei aonde cheguei. Concretizei meu sonho, tive muitas conquistas, posso dizer que sou um homem realizado.

Há muitos anos tomei as rédeas da minha vida, me tornei capitão do meu próprio navio, e essa foi a melhor decisão que eu podia tomar em toda a minha história. Embora eu gostasse do meu trabalho como Analista de Sistemas, eu sentia um desejo forte de ir além. Eu precisava conquistar mais. Não estou falando só de dinheiro, claro que isso fazia parte dos meus planos, ser bem-sucedido financeiramente, mas, minhas vontades iam além desse mero fator, eu desejava ser independente, ser livre para escolher o meu caminho e fazer algo que pudesse ajudar as pessoas.

Segui cada passo dos preceitos deste Código de Conduta porque sabia que só assim eu conseguiria alcançar meu propósito de vida. Quando mencionei que li quase mil livros, isso não significa que eu apenas os li, eu li e coloquei em prática os que eles me diziam e foi assim que eu saí da mesmice e me tornei o que sou hoje, um homem livre, alguém que não vai com a boiada, alguém que tem sonhos e luta até o fim para realizá-los. Os livros mudaram a minha mente, eles abriram os meus olhos e me mostraram o caminho para a liberdade. Hoje eu sou realizado como empresário, eu me orgulho do meu trabalho, faço tudo com muita dedicação. Enfrentei os momentos difíceis que todo mundo encara quando está passando por uma transformação, mas, valeu à pena. Valeu muito à pena.

Minha vivência me mostrou que toda pessoa é capaz de ser o que quiser desde que nunca abra mão do comprometimento, da responsabilidade e do cumprimento da palavra. O empresário que levar esses três valores consigo vai longe. O empreendedor precisa aceitar que se opor a essas virtudes é como patinar em gelo fino. Para que seus negócios se desenvolvam é necessário ser valente, é preciso se comprometer e se esforçar para cumprir com a palavra. Não adianta levar as coisas em fogo brando, o famoso jeitinho brasileiro para escapar às situações mais duras não vai fazer com que o empreendedor seja bem-sucedido. Desculpas não levam a nada. Tenha a grandeza de assumir suas responsabilidades. Qualquer empreendimento exige isso, não dá para levar seu empreendimento de qualquer jeito, pisando na bola, fugindo às obrigações que uma empresa obrigatoriamente impõe. Têm coisas que não dá para adiar.

O segredo de ser um empresário bem-sucedido é buscar a sabedoria. Um negócio não deve ser aberto de maneira leviana. Se você deseja que seu empreendimento cresça você precisa encarar as coisas de outra forma, é fundamental que a sua mentalidade sofra mudanças. Você tem que pensar e agir diferente da maioria das pessoas. Não é uma tarefa fácil, mas será gratificante quando você vir o seu negócio no topo. Não tenho palavras para descrever a imensa satisfação que sinto todos os dias quando estou ali, no meu trabalho, me dedicando ao ser humano, fazendo a diferença. É indescritível a alegria que toma conta de mim ao duplicar o que aprendi; sinto-me agradecido por poder passar o que tenho de melhor para as pessoas. Lembre-se disso quando decidir ser capitão do seu próprio navio. Tenha em mente que você terá muito trabalho, mas a felicidade que virá depois será tão grande que você vai se esquecer do trabalho que deu para chegar aonde chegou.

Siga em frente, faça que seu negócio seja duplicável. Duplique boas coisas e você será recompensado.

Bibliografia

Wikipédia, a enciclopédia livre

Golden Rules For Business Success

Livros recomendados

Decifrando os Temperamentos Humanos
Mestre Gabriel Amorim

Decifrando o Mistério dos Sonhos
Mestre Gabriel Amorim

Decifrando o Mistério da Motivação
Mestre Gabriel Amorim

Kung Fu um caminho para a saúde física e mental
Mestre Gabriel Amorim

Wu De – A Ética Marcial do Kung Fu nos dias atuais
Mestre Gabriel Amorim e Danillo Cocenzo

Di Zi Gui - O Livro Negro das Artes Marciais
Danillo Cocenzo

Reflexões de um Inseto
Doroty Santos

Copyright © 2017 Gabriel Pires de Amorim

ISBN-10: 1545409498

ISBN-13: 978-1545409497

www.ingramcontent.com/pod-product-compliance
Lightning Source LLC
Chambersburg PA
CBHW020734180526
45163CB00001B/236